AF428809

شعله حضور

نویسنده و شاعر پرنیا

مرز و بوم تو ایران ما تن توست

و یار و فکر تو و دشت تو گلستان توست

سر شده از مردم و پی جوار دوست

به عهد شده جاودان تسلسل توست

http://www.amazon.com
parnia Razi

عواید فروش این کتاب ها به موسسات خیریه در ایران تقدیم می
شود
برای تهیه این کتاب ها با ایمیل و یا تلفن زیر تماس بگیری
raziparnia@gmail.com

تلفن نویسنده   ۹۴۹۳۱۰۳۱۹۳

شناسنامه کتاب

نام کتاب   شعله حضور

نویسنده ، شاعر،طراح و نقاش   پرنیا رازی

تاریخ انتشار   ژانویه ۲۰۲۲

محل انتشار   کالیفرنیا آمریکا

ISBNnumber   ۹۷۸۱۷۳۶۱۲۹۱۷۳

برای تهیه این کتاب به تار نمای آمازون به آدرس زیر کتاب های پرنیا رازی مراجعه نمایید

http://www.amazon.com

parina Razi

عواید فروش این کتاب به موسسات خیریه در ایران تقدیم می شود

raziparnia@gmail.com

تلفن نویسنده   ۹۴۹۳۱۰۳۱۹۳

کتاب های منتشر شده از این نویسنده

۱۹۹۴	اندیشه و تفکر زن ایران
۱۹۹۶	(gift of light)
۲۰۰۰	رنجها و هنرها
۲۰۰۴	love has no bounaries
۲۰۰۸	شوق حضور
۲۰۱۵	اشعار پرنیا
۲۰۲۲	شعله حضور

زمان جوانی پرنیا

خانم پرنیا رزی،

ازنامه محبت آمیزشما متشکرم . خوشوقتم که با
پشتکار واستعدادتوانسته ایدبرای خوددردنیای هنر
وطراحی لباس جائی پارنموده وموفق باخذدیپلم های
متعددگردیده اید .   اشعار ونقاشی شما حاکی ازیک روحیه
مثبت وامیدوارکننده میباشد .   من نیزآرزومندم که
تمام ایرانیان امید را ازدست نداده وبا تلاش شبانه -
روزی درآزادی سرزمین عزیزمان کوشش نمایندواعتقاد
راسخ دارم که بالاخره نوربرتاریکی پیروزخواهدشد .
با آرزوی سلامتی وموفقیت وآینده ای بهتربرای شما

پیش گفتار ۱

آقای پرویز شهبازی ، برنامه ساز ، برنامه گنج حضور در تلویزیون ، مولوی شناس و تفسیر کننده اشعار پرُ معنای مولوی

با خانم پرنیا رازی ، از طریق تلویزیون ، برنامه گنج حضور آشنا شده ام . هر دفعه که با ایشان صحبت می کنم ، طنین صدای پرُ مهر ایشان که پرُ از عشق ، آرامش و شادی است ، فضای برنامه را پرُ می کند.
از عمق درک معنوی ایشان همیشه شگفت زده می شوم .
اشعار نغزی که بطور آنی در طول برنامه می سرایند ، آشکارا از عمق هشیاری حضور ایشان سرچشمه می گیرد .
همواره الهام بخش و سبب یاد گیری بنده و بسیاری از بینندگان برنامه گنج حضور بوده است .
به ایشان این موفقیت و لطافت روحی را فرخنده یاد می گویم .

پیش گفتاری ۲

آقای ایرج جهانشاهی شاعر گرانقدر

گوش جان دارم به شعر پرنیا

می برم لذت از این فهم و صفا

شعر ایشان نشئه ی می میدهد

درک آنهم غم ز دلها می برد

ذکر خیرش از همه بشنیده ام

با تاسف زانکه دیرش دیده ام

شعر او پرُ بار و هستی داده است

خود بیان قلب یک آزاده است

شعر پرُ نغز است و گویا و نظیف

از معانی و مضامینی لطیف

با تعابیر و قوامی قشنگ

همچنان گل بته های رنگ رنگ

بر تن صاحبدلان جان می دهد

هرچه می خواهی بتو آن میدهد

از مقام او زبانم قاصر است

فی البداهه در زمان حاضر است

۱۱

شعر چون آید ، می آید در بیان
تا بگوید شاعر اسرار نهان

چون بیمُن می زبانش باز شد
ذکر مکنونات دل آغاز شد

می نباشد ،کار شاعر مشکل است
می دوای درد هر صاحبدل است

پرنیا بانوی شکر حاضر است
من زبانم در رثایش قاصر است

من در شگفتم؟

این پیش گفتار را شما خواننده عزیز ، از زبان یک فرزند می خوانید ! پسر مادری که نویسنده این اشعار شگفت انگیز است.

چرا در شگفتم ؟ چون که من و تمام خاطراتم ، از سن پنج سالگی تا بحال که ٥٤ سال دارم ، شاهد آن بوده است . مادرم از سن بیست سالگی به مدت سی سال با موانع بسیاری روبرو شده، ولی ایستاد و جنگید ، با نابرابری ، ناحقی ، با زور ، تهاجم ، با ترس ، غم و دل شکستگی و نا امیدی دست و پنجه نرم کرد . بدون اینکه به بد اخلاقی ، کنایه گویی ، بی ادبی وغیره ... پناه ببرد و هیچگاه لبخند از لبانش دور نشد .

من در شگفتم ؟ از سجایای چنین مادری !!

او چگونه ! مانند بسیاری از مادران دیگر ، پناه به خودکامگی، خصومت ، تنفر ، اعتیاد و غیره ... نبرد ! بلکه توانست در برابر زور و تهاجم بیش از حد جامعه مردسالار و زن ستیز ما ایرانیان ایستادگی کند و فرزندان خود را ترک نکند .

در طی ۱۰سال اخیر که من در رشته تخصصی خود در روانشناسی بالینی با صدها مردم نگران و افسرده روحی

که خود را گم کرده اند روبرو شدم ! از خود می پرسم که چگونه مادرم توانست بر این همه مشکلات پیروز شود!!؟ او تنها مادر من نیست ، بلکه مادر یک جامعه است . نمونه ای

از یک زن و مادر ایرانی است ، که از شکست پیروزی بوجود می آورد و شکست ناپذیر است .

من و عزیزان دیگری که در کنار مادرم هستیم ، خوشبختیم و از عشق ، محبت ، دانش و احساس لطیف او لذت فراوان می بریم.

من همیشه شاهد زمان هایی که مادرم به اندیشه و احساسات ژرف و زیبای خود به مرحله بی مثال و پرُ ارزش پرواز عرفانی می رسد بوده ام و شما در این کتاب شاهد آفرینش آن هستید.

من این افتخار را دارم که اولین و یا دومین گیرنده این غزل های پیام آور باشم و این پیام ها روزها و ماهها و سالها راهنمای دوران سخت و نگران کننده زندگی من بوده اند و مانند شمعی نورانی راه خوشبختی و سعادت را به من نشان داده اند . من افتخار می کنم که فرزند چنین مادر نیکو سرشت ، خوش نیت ، با لطافت اندیشه و ظرفیتی بی انتها و عشقی بی کران هستم .

دوستت دارم مادر   دکتر احسان قرچه داغی

شعر ، گُلی است که در اجزا متجلّی شده است ،
اقیانوسی است که در یک قطره محو گردیده است .
شعر یک معجزه است .
آشو

با موج قلب‌ها پرمای نازنین ـ با ...

ای پرتوی هنر و با وفا

آرام و مهربان و درخشش نقره‌ای   در هستی صمیمی و در عشق با وفا

... در روز نور در سقا

فرخنده باد این روز تولد بانوی مهرور   مجذوب مهر گشته کرده شیدا ...

سروده: دلم بسی رنجوری

به یادگاری از ثبت دل از مهربان در روزم ... شنبه ۲۹ آذر
۲۰۱۵

در باره پرنیا

پرنیا رازی متولد ایران ، تهران می باشد و تحصیلات خود را در رشته ادبیات و هنر به پایان رسانده است . طراح ، نقاش ، شاعر و نویسنده کتاب اندیشه و تفکر زن ایرانی به زبان فارسی که سرگذشت خود نویسنده می باشد در سال ۱۹۹٤ در کالیفرنیا بچاپ رسیده است.

گیفت اف لایت دومین کتاب او بزبان انگلیسی در سال ۱۹۹٦ و کتاب رنج ها و هنرها به زبان فارسی و انگلیسی در سال ۲۰۰۰ ، کتاب شوق حضور را با تفسیر خودش در سال ۲۰۰۸ و کتاب اشعار پرنیا را در سال ۲۰۱۵ و کتاب شعله حضور را در سال ۲۰۲۲ به چاپ رسانید.

پرنیا بین سال های ۱۹۸۰ تا ۱۹۹۰ در وین پایتخت اتریش ،در سالن مد خود مرتب طرحهای لباس و ابتکارات جدیدش را بنمایش می گذاشت در این سالها این طرحها برنده ۷ دیپلم افتخار و جوائز متعدد، از کشورهای اتریش ، آلمان و سوئیس شده است.

اشعارش در سوسایتی اف پوئتیری برنده مدال برنز و دیپلم افتخار گردیده است . بدعوت اینترنشنال سوسایتی اف پوئتیری به واشنگتن رفته و با خواندن اشعار انگلیسی مدال برنز و دیپلم افتخار از دست سناتور مک کارتی نائل شده .

نمایشگاهای متعددی از نقاشی های خود در ایران ، اروپا و آمریکا ترتیب داده است که با موفقیت روبرو شده است .پرنیاادارای دو دختر ، یک پسر و دو نوه می باشد و در لیک فروست کالیفرنیا زندگی میکند . او بیشتر وقت خود را بکمک شرکت های خیریه و سرطان و غیره ... میگذراند . پرنیا عقیده دارد این وظیفه ی یک انسان فرهیخنه است که تجربه های خود را در اختیار بشریت بگذارد ، چونکه عطر تجربه هائیکه به نتیجه مطلوب می رسد شکوفائی افکار انسانهای جوینده راه حقیقت می باشد . این عطر به مشام پرنیا رسیده است بطوریکه افکارش را بدون پرده پوشی در کتابهایش با شما در میان میگذارد، شما با انسانی آشنا می شوید که از غم و غصه های فراوان گذشته است و به درجه نسبی از ترقی معنوی و روحی و مادی رسیده است تا بجائی که سر مست و لبریز از عشق و محبت بدیگران است.
مادرجان دوستت دارم و به وجودت افتخار میکنم

آفرین سامرس

سعادتی نصیبم شد و اقبالی در پی داشت تا با همدمی شاعره، پر احساس چون پرنیا رازی سالها در عشق و آزادگی و لطافت اخلاقی و اشعار روان و زیبای ایشان روزگاران داشته باشم

عزیزم سپاسگزارم

رحیم محکمی

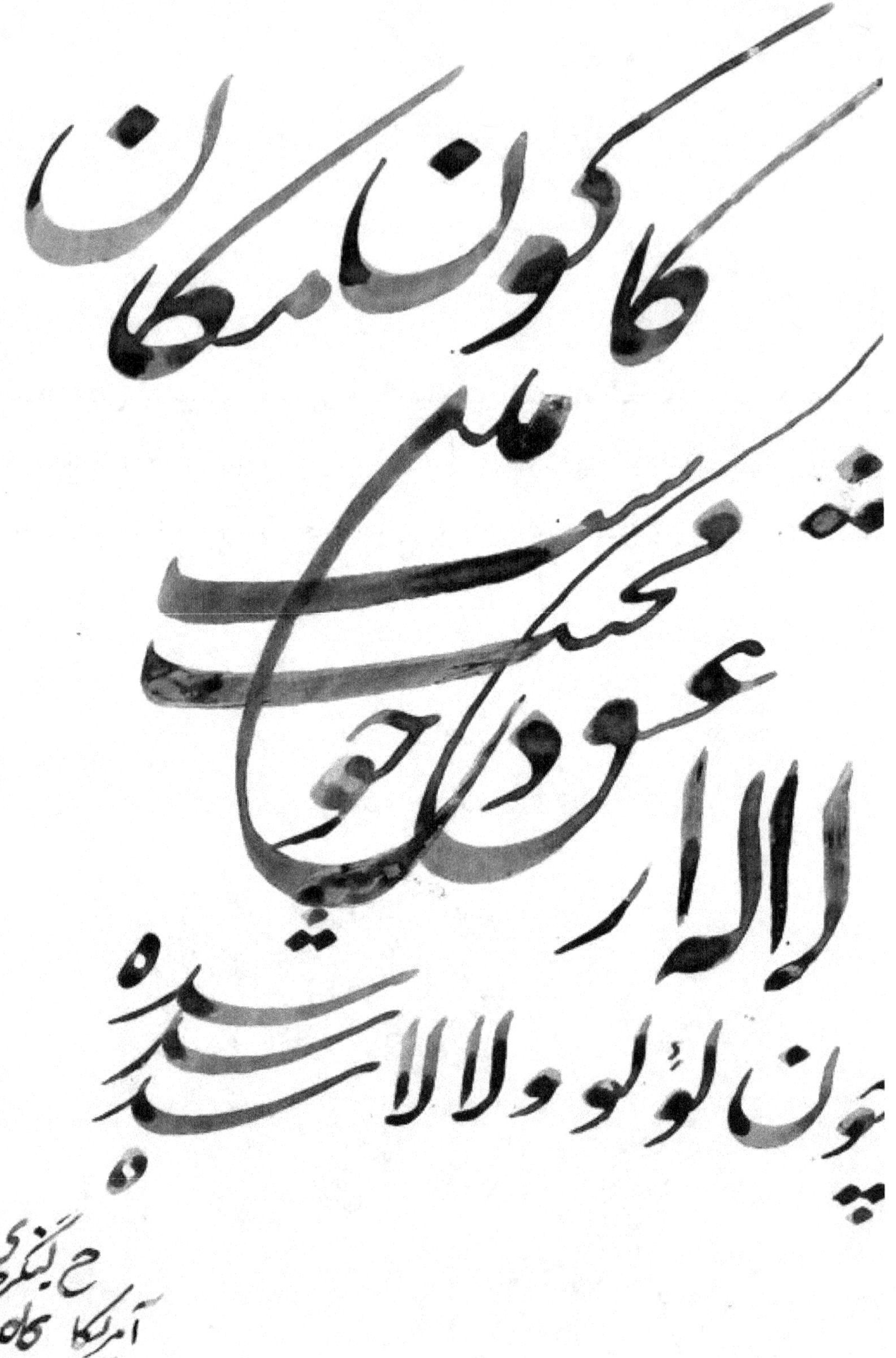
کاکوی نامکان
محمک سکی حوش
لا اله الا
پون لؤلؤ ولالا سید ه
ح. یکروه
آمریکا ۲۰۱۵

پیش گفتار ۳

گلستانی از لطافت ، زیبایی و پاک سرشتی پرنیا رازی نازنین گلبانوی افتخار آمیزیست که هر آنچه خوبان دارند او به تنهایی دارد . وی انسانی سرشار از مهر و مهربانی دوستی ناب ، مهربانویی توانا در سرودن شعرهای عاشقانه و پند آمیز ، دیزاینری آگاه و نقش پردازی چیره دست است .

تمامی کسانیکه این زربانو را از نزدیک می شناسند وی را صمیمانه دوست می دارند . بخود می بالم که پرنیای نیکو سیرت و هنر شناس سالها پیش سروده زیبا و دل نشینی برای آثار چشم نواز هنری من نیز سروده است .

برای پرنیای لطیف پرداز همه خوبی های جهان را که شایسته اوست بهمراه سلامت پایدار، پیروزی ، خوشبختی و دراز زیستی در کنار عزیزانش آرزومندم .

بر نامی که بر وی نهاده ام : باغستانی از گلهای خوشرنگ و بوی ایرانی ، بایسته نام پر افتخار این بانوی بلند آوازه میهن دل آویز و مینو سرشتمان ایران است ، با مهروبرترین های روزگار برای آینده لبالب از موفقیتش

علی بزرگمهر زیبا نگار و تصویر گر شعر

پیش گفتار ٤

پرنیا شاعریست کـه گل واژههای قلبـی خـود را در قالـب کلمات موزن شعر ، بـر زبـان و قلـم خـود جاری میکنـد . شعر مـی گویـد تـا اسرار نهانـش را بـا مخاطبـان خـود بـه اشتراک بگذارد . اسراری کـه مبیّـن شنـاخت ، زیبـای او از خداونـد ، زندگـی و انسـانیت است . رسالت پرنیا در اشعارش آگاهـی دادن بـه انسان و ارتقـای سطح فهـم و شنـاخت او از گوهـر وجـودی خـود اسـت . زیبـا دیـدن ، زیبـا شنیـدن ، زیبـا زندگـی کـردن و زیبـا مـردن از دیـدگاه پرنیـا فقـط در پرتـو عشـق الهـی میسـر میشـود .

این درسـی اسـت کـه بـزرگان ادب و فرهنگ فارسـی مانند فردوسی مولانـا ، سـعدی و حافـظ در طـول قـرون و اعصـار بـه مـا آموختـه انـد و در ایـن دوران پرنیا پرچـم بـاز آمـوزی ایـن ارزش هـای والای الهـی و انسـانی را بـر دوش خـود حمـل مـی کنـد .

شعر پرنیا ساده ، روان و بی آلایش است ، او قدر زندگی و لحظات پر ارزش آنرا مـی داند و کمال زندگی انسان را در بهره برداری درست ، از آن و توام با شناخت از خالق زندگی تعریف می کند .

بشد جاوید هر لحظه چو با عشق تو سر کردم

به سیری عاشقانه در غزلهایم گذر کردم

کلام نغز موسی و مسیحا و محمد را

تمام سرزمین ها را به عشق تو سفر کردم

آرامـش روح و ذهـن فقـط در پرتـو عشـق و پرهیـز از وابسـتگی های مـادی میـسر مـی شوند .

پرنیا این معنا را به زیبایی و به صد زبان در اشعار خود بیان کـرده و علـی رغـم تمـام مشکلات مادی و اجتماعـی که فرا روی ایـن شاعر فرهیختـه وجـود داشـته ، بـه وادی شـادی زندگی خـود رسـیده و غـم ها را از جـان و روح خـود زدوده است .

پرنـیـا در هفـت دیـوان اشعارش مـا را نیـز بـه ایـن وادی ایمـن دعـوت مـی کند

دکتر محمد رضا چایچی

مفسّر اشعار مولا ، حافظ ، سعدی و شاهنامه

پیش گفتار ٥

پرنیای عزیز دوست مهربان و گرانمایه
چقدر باعث خوشحالیم شد که با شما آشنا شدم .
از نخستین روز فهمیدم با بانویی شریف و با احساسی
لطیف که اشعارش در ضمن سادگی ، پر معناست ، درس
زندگی می دهد و شوق وشور را در انسان می پروراند آشنا
شده ام.
گفتارش نغز و گویاست و آدمی را بفکر وا می دارد . محفل
پرنیا گرم و دوست داشتنی ست و گرد همآیی انسانهای
مهربانست که مشتاق دیدن همدیگرند و بهانه ایست برای
دیدن ، جویا شدن و تبادل احساسات خوب و تجدید انرژی
مثبت .
آفرین بر این بانو که عنصر شادی ، مثبت گرا و نشاط آدمیان
است

حسن هدایتی

پیش گفتار ٦

پرنیا دوست عزیز و نازنینم .
نقـاش ، طـراح ، نویسـنده و شـاعر لطیـف احسـاس . افتخـار این را دارم کـه ترانـه هـای میلیـون گل رز، آشـنا و sou tnier.....................vi را بـرای مـن سروده کـه مـورد استقبال فـراوان قـرار گرفتـه انـد . از خصوصیات اخلاقـی ایـن بانـوی متفکر ، بخشـنده و مهربـان کـه نمونـه یـک زن مبارز ایرانـی اسـت ، کـه بـا عشـق و محبـت و صبـر و بردبـاری خـود را بدرجـات معنـوی رسـانده اسـت .
من از ایشان درس زندگی آموخته ام و سرمشق زندگی خود قرار داده ام و به وجودش افتخار میکنم

فرزانه

شب تقدیر از خانم پرنیا

گزارش: دکتر سیاوش خزعلی

خوانندگان عزیز مجله جوانان. این مجله درتمام سالها به کوشش وهمت انسانهای والا و با ارزشی چون مهدی ذکایی عزیز و مهناز ذکایی عزیز و همکاران روز بروز وسعت و ارزش بیشتری پیداکرده است.

نمونه ای آن خبر مراسم تقدیر از خانم پرنیا و انتشار ششمین کتاب اشعار اوست که در مجله جوانان چاپ شده بود.

خانواده و دوستان به خصوص آرمین انوری پور که گرداننده این مجلس بود، درباره ی هنرها و ارزشهای والای او صحبت کردند و لوحه ی تقدیر و سپاس از طرف دکتر احسان قرجه داغی به خانم پرنیا اهداشد.

فضای مثبت و پر انرژی باشرکت بیش از ۳۰۰ نفر هنردوست شرکت

جوانان فلن ونوازندگان هنرمند وبرجسته موزه علاقه خود عائله خود خانم فرزانه ، لئوفر، نازیه نجمی
وروانه، شاه بری، سوسن، بوران، نازلی، لنا قاسمی، پروین، ستاره وآقایان ، احمدآزاد،خاک، نگارمقدم
نصیر، اردشا، کوروش، شهریار، علی صادقی، نوازندگان ، آقایان ، هوشنگ سعادتی ، پرویز رمضان پناه
خادمی، پویاناصریشا، طاهری، سهل، امیرابراهیمی، پرویزاسماعیلی، تهرانی، داوود،لیا، سمیر، محمدی
مبرهام وابردلان سعید کشکولی، نیک وناصحوکه بما افتخارداده اندوبرنامه های فرهنگی شعر موسیقی
شرکت کرده اند، سمیا،رغا،نگر،بابید،و حس وروح خود،اسرزنده نگاه داریدوبه ارتخدوبه رقص وشادی بپردازید.
محل دیدار رستوران روبال کوزش   تلفن اطلاعات ۷۷۰۱۹۱۵ (۹۴۹)
شب افتتاح سومین یکشنبه ۱۵ دسامبر ساعت ۷ بعد از ظهر

پرنیـا بـرای تشـویق جوانـان ایرانـی و هنرمنـدان و هنردوستان ، بـرای
نگهـداری فرهنـگ ، شعر و ادب ایرانـی ده سـال شبهای شعر بر گزار
میکـرد

کورش نزدیک

در سراسر جهان ... اینسوی شهر، آنسو

پرنیا رزی طراح لباس، نقاش و شاعر

مجلات معروف اروپائی و آمریکائی از جمله "لایف"
طرح‌های پرنیا را بچاپ رسانده‌اند

URKUNDE

KLEIDERMACHER

PARNIA RAZI

Modeschau im Hause PART-MODEN

Der Stil: Wiener Couture

Neueröffnung
PART Modesa

صفحه ۱۵۴

اشعار

آیات مهر

ما اشک خالصیم تو به تفسیر ما بیا

ما نقش شبنمیم ، به تعبیر ما بیا

آیات آرزوی تو در دل نوشته شد

صیاد عشق ، به نخجیر ما بیا

نقش نگاه تو برجان همی گذشت

ای آفتاب دیده ، تو به تقطیر ما بیا

ای شور زندگانی وای عطر نو بهار

رندیم و عاشقیم ، به تاثیر ما بیا

شوری فکن که خرابیم و سرکشیم

مستیم و بیخبر تو ، به تصویر ما بیا

ای دّر شاهوار تلو لو به هر صدف

غلطان میان موج ، به تغییر ما بیا

با (پرنیا) تو بگو راز عاشقی

با کلک سرنوشت به تحریر ما بیا

مناجات

الهی دلم را تو آگاه کن

مرا راهنمایی در این راه کن

مرا از من و من رهایی بده

ز اسرار خلقت گواهی بده

سراپا وجودم تو اندیشه کن

بعمق دلم عشق را ریشه کن

لبی تر کنم تا که شوریده ام

ره هستی و عشق پوییده ام

می معرفت آفرین ، صاف و پاک

ببینم خدای درون تابناک

دلم را به خون غم انباشتند

دماغی پریشان بپا داشتند

ز بیمار دلها نجاتم بده

ز بیدار دلها صفاتم بده

بمن همتی ده که از جان و دل

خلق هرگز نگردم خجل

به آگاه دلها شبهای شوق

برندان سرمست و بیدار ذوق

بدانش دل و دیده ام باز کن

بدلدار ی و مهرم ، آواز کن

به فتح دل مهر ورزان روم

بدیدار روشن روانان روم

به دریا روم در شبی ماهتاب

که یابم درّ معرفت ناب ناب

به دریا دلی بهر ایثار جان

توانایی ام ده برِدوستان

بده (پرنیا) را تو یک فکر باز

گهر فکر گردد بدون نیاز

شادی درون

اگر یابی تو نوری را ، که تابش داشت پیروزی

ضمیر روشنی بینی ، چراغ دل بر افروزی

ببال ای همسفر ، این ویژه ی انسان خوشبخت است

که در تاریکی و ظلمت ،مثال شمع جان سوزی

به آن معنا ست بالیدن، که در اعماق قلب خود

بیابی خویشتن را ،این چنین حتما زراندوزی

بکن تبدیل غمها را، به شادی های روح افزا

شکوفا می شوی چون گل، همیشه عید نوروزی

نبوده مشکل این دنیا، برای مردم دانا

به معصومیت کودک نگه کن، تا بیاموزی

چو بی اندازه درکت می شودافزون و می بالی

چه زیبا می شوی خوشبخت از این دنیا به بهروزی

ببال ای (پرنیا)پرواز کن تا روی جان بینی

به شادی درون خود رسی ،هر جا به پیروزی

ز جا بر خیز

سوار قایق آگاهیت شو، تا روی در عمق و در ژرفا

برو ، در قلب بکر هستی و شوری کن و غوغا

به اقلیمی سفر کن، تا شناسایی کنی خود را

در این صورت، سعادت می شود ممکن در این سودا

غمین ؛ افسرده خاطر می شوی ،در جا زنی هر وقت

کجا بودم! کجا هستم ! در این دنیای وانفسا

ز جا بر خیز و غوغا کن، دلت را مثل دریا کن

نمان راکد چو برکه ، تا شوی در زندگی پویا

در این دنیا ندارد کس به جان تضمین ، چه اندیشی

مگر در فکر بکرت ، پروری شادی مهر افزا

چنان در قعر اندیشه فرو مانی و آزرده

که از خود و ز جهان ، غافل بمانی از سر دعوا

بکن آئینه ی جان را مصفا (پرنیا) از کبر

بماند بی گزند ، از باد و باران و غم دنیا

الماس

کن نظر در عمق الماس و ببین خورشید را

چون درخشد ، شرح حالش را بجو در روشنا

آن ذعال سنگ سختی بوده، در عمق زمین

در فشار سخت و سنگین ،گشته حجمی پر بها

و آن گل آبی که می رقصد به زیبائی در آب

از گل و لایی گذشته ، تا شده بس دلربا

درد و رنج زندگی، سازد تو را هر لحظه ای

شکوه از غم نا مرادی ها ، نکن در ابتلا

در حقیقت دید انسان، پایه ی افکار اوست

زشت و زیبا می کند، یا خوب و بد در هر کجا

با تحمل رو به رو گردی، دهد پندی گران

گر گذر کردی زغم، شادی شود بی انتها

درک این معنی بسازد، روح و جان را بس فهیم

(پرنیا) بگذر زخود ، خواهی که گردی با صفا

شکرانه نفس

مجال یک تنفس را ،بده بر خود تو، ای جانا

به آگاهی، که از قید زمان بیرون روی هر جا

گر از جنس زمان آزاد شد، انسان درمانده

رها گردد ز هر قیدی ، ز دست شاید و اما

از این محدوده ی مرگ و تولد ،می شود بیرون

ز هر پستی جدا گردد ، رسد بر عالم بالا

تبادل با جهان در هر نفس، باید که در هر دم

پلی در بین ما و آفرینش، می شود بر پا

چو در هستی کل این جهان ، ما ریشه ای داریم

کجا گردد جدا این ریشه از هر ذره ی دنیا

درختی گر جدا گردد ،بماند ریشه اش محفوظ

تنفسها ی انسانی بود، چون ریشه ای در ما

بیا ای (پرنیا) هر دم تنفس کن به شکرانه

به هر لحظه ز هستی نعمتی باشد در این ماوا

آهنگ موزون

زندگی آهنگ موزونی ست، شیرین جانفزا

کاش همراهی کند، روح و روان و جان ما

طی شود عمر و حیات، آخر بهر خوب و بدی

بر فراز معرفت باش و جهان را کن رها

خلق شد انسان، که با معنا شود این زندگی

هستی ما، شعر موزونی ست بس شیرین رسا

وقت ترک زندگی، شاید جهان بهتر شود

هر که کشتار و خرابی کرده و جور و جفا

یک اثر بگذار، بعد از خود به مهر دوستی

زین نکوتر کی اثر ماند ز تو، در هر کجا

خالق مهر و محبت باش و دور از هر بدی

بر سر مردم بریزی، بارش عشق و وفا

(پرنیا) موزون نما، روح و روانت را به عشق

تا به آرامش رسانی، دوستان را هر کجا

زیارت

زیارت میکنم هر دم ،خداوند جهان را

که می بینم به چشم دل، زمین و آسمان را

سفرها میکنم هر روز و شب ،در شهر جانم

که یابم در درونم ، گوهر ناب نهان را

زیارت نامه ام قلبی ست ،سر شار از محبت

سپارم دست مردم ،مخزن و گنج گران را

که می گویم جهان، مهر است و جز آن نیست چیزی

هماره حل کنی ،هر مشکل درماندگان را

چه دلها ئی، که تنها مانده و در غم اسیرند

دهی آب گوارای محبت ، تشنگان را

بیا ای (پرنیا)، در این سفر باش و دگر بار

زیارت نامه را با خود ببر، یابی امان را

نیروی هستی بخش

بسی حیرت بر انگیز است، این نیروی هستی بخش

حمایت می کند هستی ، هر موجود و انسان را

به هر لحظه بود در دسترس ، نیروی پنهانی

اگر غافل شوی از آن ، ببازی شوق و ایمان را

ببندی گر به روی خود ، تو درها را چه امیدی ؟

نبینی نور خورشید جهان آرای عریان را

بود در پیش چشمت، عشق و نیروی خداوندی

اگر حس قوی داری، بگیری در بغل آن را

چرا چشمان زیبا را ببندی بر گل و بستان !؟

کجا آخر توانی دید ، نقش و رنگ آنان را !؟

در دل را به روی عشق بگشا ،نقش الهامی

در آن افتد که بینی ، تا خداوند یتیمان را

بیا ای (پرنیا) آهنگ جان کن ، در سرای عشق

کز آن نیروی هستی بخش، اگر خواهی تو سامان را

اکسیر رحمت

گوهر ذاتی تو صلح و سکوت است و وفا

کی شوی آگه ،ز هستی وجودت وز کجا

این همان اندیشه ی، جادویی و والای توست

قفل دل را گر گشایی ، می شوی از غم رها

تا که رستاخیز جانت ،می شود بر پا بیا

مردن و زنده شدن، پیش تو باشد یک ادا

می شوی سرشار عطر کودکی های خودت

ارمغانی   بهتر   از این، در کجا باشد ترا

می گذاری عشق، کار رشد تو کامل کند

در تو   رویاند ، شگفتی های بسیار از بقا

سر زند گلهای عشق و معرفت از جان تو

چون بود اکسیر رحمت، در وجودت پر بها

(پرنیا) خلاق و نو آور بشو ، در زندگی

عالم دیگر ببینی ، غرق در نور و صفا

طبل رسوائی

بزن لبخند جان بخشی که بی پروا کند ما را
بده ساغر به دست ما که بی من می کند ما را

نگاه ناز افسونت ، سرود عشق می خواند
سخن آغاز کن جانا مگر اغوا کند ما را

نوید عشق و سر مستی دهی با شور چشمانت
مگر این شو ز جان افزا ، فقط اغنا کند ما را

به باور روشنایی بخش و دریا کن دل و جانم
که از موج خروشانت نمی احیا کند ما را

شکستی عهد و پیمان را جفا کردی و تنهائی
بیا در خلوت خوبان که با معنا کند ما را

سفیر عشق آمد تا زند بر طبل رسوایی
چه باک ای (پرنیا) بی آبرو ، رسوا کند ما را

خلوت انس

مظهر عشقی ، تو شیدا کن مرا

غرق اندوهم ، تماشا کن مرا

من همان گم گشته ام در آرزو

عاشقم شیدا ، تو رسوا کن مرا

رود جاری ام ، روان در جستجو

می روم هر سو تو دریا کن مرا

توهمان دریا و موج پر خروش

زیر و رویم کن ، تو پیدا کن مرا

در هراسم از خود و بی خود شدن

واژه ای گنگم تو معنا کن مرا

خلوت انسی که خواهم ، پیش توست

در صف خوبان خود، جا کن مرا

هوشیاری ده ، تو از خواب گران

(پرنیا) بر خیز و آوا کن مرا

ز نفس خود گذر

به اعماق درون رفتم ،که یابم شور مستی را

سرور و وجد و شادی را، سماع ومی پرستی را

فنا شو در سرای عشق ،ز دل بستن رها گردی

ز خود بینی وخود خواهی ؛نبینی خوار و پستی را

ندارد سازگاری عشق، با یک نفس پر غوغا

ز نفس خود گذر کردم ،چو دیدم راز مستی را

زدودم از دلم، هر فقر روحی و زبونی نیز

در این بی خود شدن، در یافتم پیغام هستی را

چو شبنم نیست شد در خود رها ماند، از غم هستی

چه بهتر دل شود دریا نبینی هر شکستی را

طلوع صبح بیداری ،کند روشن روان در تن

خردمندی شود پیشه ، نبیند هر گسستی را

بگفتم (پرنیا) در خود بمیران فقر روحی را

بقا را در فنا دریاب و بر کن خود پرستی را

طناب دار

تا که داری در دلت اندیشه ،اسرار ها

می دهی سر را در آخر، بر طناب دارها

چون توّهم، در فضای عقل و دل آمد نشست

نقش می بندد یقین، در پرده ی پندارها

گر که بشناسی حدود خود، ز هر غم بگذری

کی برنجی از جهان ، خوب و بد اجبارها

می توان پنداشت ،دیگر گونه عالم را عزیز

گر شود نیکی محبت ، کار ها کردار ها

چونکه دل را پهنه ی دریا بسازی هر زمان

فکر تو گسترده گردد ، در همه رفتارها

(پرنیا) بر لب بیاور، آنچه رنجورت کند

در ره اندیشه باش و بگذر از دیوارها

انرژی اتم

اتم را گر که بشکافی، بود سرشار نیروها

ز اندیشه تفکر می شود ، هر دانشی پیدا

شود از چشمه ی نور الهی آن چنان جاری

بتابد بر دل تاریک و گردد شور و جان افزا

هماهنگی به بار آرد ، میان مردمان دانش

اگر در جان زند شعله ، بسوزد جهل را هر جا

شود نوع بشر خلاق ، در این دنیای رمز آلود

چنانکه روشنی بخشد، به ظلمتهای این دنیا

تمام لحظه ها زیباست ،گر زیبا بیندیشیم

که شرط هر ترقی ، این بود ، بی شاید و اما

تمرکز بهر اندیشه، دهد شادی به هر انسان

پذیرا گر شود هر دل ، رسد بر عالم بالا

پدید آور میان مردمان ، ای (پرنیا) از مهر

شکوفا می شود افکار و زیبا می شود دنیا

حد و مرز

از ازل کی بوده، حد و مرز و این دیوارها

این بشر سازنده ی، مرز است قلمرو بود و این افکارها

راه آزادی و عشق مردمان مرزی نداشت

نقشه و اطلس، از افکار بشر زایید و شد اخطارها

در قفس های طلائی ،خانه های با شکوه

مرز فکری بشر شد این در و دیوار ها

چون پرنده نغمه خوان، پرواز دارد جان ما

گرچه در جسمیم ، در زندان این هشدارها

مرز، بی معناست در پرواز مرغان روز وشب

ما گرفتار غمیم و این همه آزارها

این بشر باشد ،که تعیین می کنددر هر زمان

آفریده رنگ و طرح و نقشه و معیارها

(پرنیا) پرواز کن ، چون عشق در هر کهکشان

چشم جان بگشا ، ببین اقرارها ، انکار ها

غم انسانی

غم افغان ، غم انسان این روی زمین است

که او همسایه است و همزبانی نازنین است

چه آرامند و زحمتکش، برای خانواده

که لحن و گویش ایشان، بسی هم دلنشین است

چرا انسان به ایجاد تسلط، با زر و زور

کند ظلم و تجاوز این چنین هم قهر و کین است

شود آیا زمانی صلح را ،در هر کجا دید !؟

اگر ممکن شود ، دنیا بهشتی انبرین است

تو ای مادر بده درس، محبت را به فرزند

تساوی محبت ، بین آنها بهترین است

تمام جنگها باشد، ز قلب بی محبت

که افتد شعله بر دامان دنیا این چنین است

ولی ای (پرنیا) ، قهر طبیعت کرده بیداد

که مرگ و زندگی، با طینت انسان عجین است

سخن پرداز

قلب من با آشنای مهربانی آمد و دم ساز شد

نوری از مشرق چو سر زد، زندگی آغاز شد

وه چه گرمای لطیفی، میرسد از سوی او

روح در رقص آمد و کلکم ، سخن پرداز شد

این غزل از مهر او گفتم ،که با من ساز شد

در دلم از راز و رمز آشنا ، اعجاز شد

آشنائی بود از روز ازل، اما نبود

اینکه دیدی با من آمد، هم دل و همراز شد

مهرش آمد تا بروید ،خانه را از خاک درد

ای امان از غصه ای با من چنین انباز شد

(پرنیا) دارد تفکر ،از غم این روزگار

رنج دوری را کشید او ، تا که سخن پرداز شد

انسان بی آزار

هر آن کس از کمال مهر سرشار است ،بی آزار خواهد بود

نه بر کس میزند آسیب و نه بر خود ،که از احرار خواهد بود

به جز مهر و محبت از زبان و دست او جاری نمیگردد

همه عشق است و شور و مهر و مشغول همین رفتار خواهد بود

نباشد عاجز از بخشیدن عشق و محبت بهر انسانها

همیشه فضل و دانایی ،کلام او در این گفتار خواهد بود

چنان سر چشمه ی شور محبت گشته،در دلها ی انسانها

که در ظرف تصورها نمی گنجد ، که پر آثار خواهد بود

چنین رحمت همه خیر است و شادی بخش انسانهای از خود دور

کجا در بند و یا درمانده ،می ماند و یا ناچار خواهد بود

نمی گنجد به هر قالب محبت، نه به هر شکل و به هر صورت

که جایش قلب عاشق باشد و قصدش فقط دلدار خواهد بود

بیا ای (پرنیا) سر چشمه ی عشق و محبت شو به هر جمعی

که پایانی ندارد، مهر خوبان همچنان در کار خواهد بود

حمایت پروردگار از انسان

برای درک راز زندگی ، آرامشی باید مهیا کرد

بصیرت شور و دانایی بود لازم، که فکری را مدارا کرد

خودت باشی و با هستی یکی گردی ، به تمرین هم نیازی نیست

شکوفامی شوی ای گل،در آن وقتیکه جانت عزم صحراکرد

رها گردی اگر زین ترسهای زندگیِ یابی تو خویش خود

همان خویشی که دارد یک جهان شوق و نگه بر روی زیبا کرد

به رقص و پایکوبی میرسد، هر لحظه جان با فکر آسوده

به خلق یک اثر هم میتوان، دنیای غم را پر ز غوغا کرد

ترنم از درون هستی انسان تراود، مثل شبنم هم به روی گل

خداوند وجود است این چنین اعجاز دارد، تا که بر پا کرد

چو انسان همچو نور کهکشان،از دیده اش پنهان نمی ماند

حمایت میشود از جانب او ،نظم این عالم که احیا کرد

بیا ای (پرنیا) از ترس ها بگذر، بیابی گنج آرامش

بخواه از قادر مطلق، توانی را که او تقدیم بر ما کرد

مژده دیدار

اشکم آئینه ی جان گشت و گهر بار آمد

پرده دار حرم عشق به گفتار آمد

مجلس آرا شده آن یار غزل گو امشب

سخنش از لب شیرین ، شکربار آمد

گوهر مهر ،چو خورشید درخشان تابید

مدعی هم، سر خود خواهی و انکار آمد

سینه گنجینه ی مهرش، بشد از روز ازل

در نهانخانه ی دل ، مژده ی دیدار آمد

پرتو مهر درخشید ز رخسار نگار

صد رقم نقش پدید از گل و گلزار آمد

دولتی بود که درویش ،ز غم بیخبر است

چون که مست ازلی بود و به اقرار آمد

(پرنیا) شور نگار است ، که غوغا فکنی

این همان حال نکو بود ، که اشعار آمد

آفتاب خاور

صاعقه بر خرمنم از شوق ساغر افتاد

آتشی بود از رخ ساقی، که دینم شد به باد

آفتاب خاوری، در آسمان شد پر فروغ

شعله ی عشقی شد و بر هستی و جانم فتاد

پخته گردیده چو می، خون در رگ و شریان من

صورتم شد سرخ و گلگون ،هر سحرهر بامداد

گرد غم از خاطرم ،این شعله ها برداشتند

نور مهرت در دلم گو، رو به خاموشی مباد

عمر من گر بر سر، سودای خامی شد تباه

غم ندارم ،چون دلم هست از محبت شاد شاد

گر چه هر کوته نظر، این نکته ها را نشنود

داد و فریادم برون گردیده از افلاک باد

(پرنیا) آمد دمی عیسی نفس آزاد کن

آن ندائی را که در جانت برید آن بد نهاد

لاف مهر

عشق در جوشش طبع تو چه سخنها دارد

نکته ها بر لب شیرین تو غوغا دارد

از نظر بازی ما با دل خود بی خبری

عاشق آن است که بی گفته سخنها دارد

لشگر غم برود، تا به نظر میایی

شور مستوری تو، باده ی صهبا دارد

گوهر هستی ما در، صدف مهر وجود

آن چنان در نظر آید ، که تماشا دارد

چون پس پرده ،تماشا گه رندان باشد

رند عاشق ، نفس گرم مسیحا دارد

(پرنیا) رهرو مهر است و مگر کوی وفا

شعر او چون نگری، نکته ی گویا دارد

عقل و عشق

مژه بر هم نزنم ، تا که ز ره یار آید

خوابم از سر برود ، لحظه ی دیدار آید

عقل و عشق است دو عنصر، که جهان را سازند

زین دو هر نیک و بدی، زاید و بسیار آید

مردم دیده ی ما ، سر خوش و طناز ولی

چشم پوشیدن از آن به ، که دل آزار آید

شورشی در همه عالم بفکند ست ، آن رند

عاشق خسته کجا ، بر سر انکار آید

چشم ما پرده بینداخت، که شاید در خواب

بیند آن ماه دل افروز، چو دلدار آید

(پرنیا) دامن خود پر کن از اندیشه ی گل

تا بهاران تو ، با سبزی پر بار آید

اشک غلطان

اشک غلطان من آهسته و آرام افتاد

مثل مرغی شد و در دامن، چون دام افتاد

دل گرفتار چنین موجی و در بحر خیال

مست جامی شد و بیگانه ی بد نام افتاد

من ز مستوری و مستی چه قدم خواهم زد

دل من بود ، که خوش آتیه فرجام افتاد

خفته بودم به حریر سحر ،از لطف نسیم

حال گل بود مرا دید و به او هام افتاد

برده تا چشم خمارش ، دل بیمار مرا

می زند راه دلم را، که چه ناکام افتاد

غمزه اش کار مرا تا همه دیگر گون کرد

آهم آتش شد و بر خرمن ایام افتاد

(پرنیا) از چه کند ناله و پروا ای دوست !

چونکه خوش عاقبت و نیک سر انجام افتاد

قبیله ی آرزو

یاد تو که در پرده ی پندار آمد

در خلوت دل مانده ، به دیدار آمد

آن نقش خیالی که نهان بود به دل

در   قبله ی آرزو ، پدیدار آمد

در فصل بهار و موسم نوروزی

چون سرو سهی ، بر سر گلزار آمد

هر کس که در آیینه ی چشمانش بود

در حسرت او خسته ، گرفتار آمد

بشکفته چو غنچه گر لبش وقت سخن

چون غمزه به دیدگان بیدار آمد

در خلوت (پرنیا) چو احساس غریب

عشق تو به سوی قلب دلدار آمد

زاهد خود بین

برو ای زاهد خود بین، چه کنی این همه قال !؟

بر (بلندای حقیقت) نرسی پس تو، بنال

تا به کی ورد و نمازست ،بلی کارت هست

عشق و مستی ؛ که ندیدی و همان است وصال

گو کلامی خوش و شیرین تو ز فرهاد زمان

تا جهان پر شود از رسم وفا ،در همه حال

ما گرفتیم ز سر چشمه هستی ، کامی

تشنه ی عشق که هرگز نرود راه زوال

دامن افشانده حکایت گر، رنگ رخ ماست

ماه تابیده ببینی ، همه شب مثل هلال

(پرنیا) مکتب عشق است و همه پند و نظر

درس دلدادگی است و شرف و راه کمال

خارج از زندان فکر

رها گردیده ام از بند زندان

از این زندان فکری، سخت و آسان

زمانهای زیادی در چنین حبس

غمین بودم گریزان و هراسان

همه درها به رویم بسته بودند

به چشم بسته درماندم پریشان

دل آگاهی مرا تعلیم فرمود

به نیکی باز شد تا قفل زندان

به نور عشق جانم شد، شکوفا

غزل خوان گشته ام در باغ و بستان

همه نور و امید زندگانی ست

که من دارم ، هماره در دل جان

بیا ای (پرنیا) مگذار از دست

شراب کهنه را در هر بهاران

سر مست آگاهی

بیا در نقطه ی پرواز، تا پرواز جان بینی

بمان در شوق بودن، تا که اسرار جهان بینی

شوی سرمست آگاهی ز دنیای درون خود

که در پرواز مستانه حقیقت را عیان بینی

وضوی عشق را، با نم نم باران بگیر ای دوست

غزل خوان باش و تا خود را، در اوج کهکشان بینی

بمان در کهکشان جان ،بهشت خویشتن در یاب

که در اقلیم جان هر دم سرور جاودان بینی

به هر جائی روی آنجا شود باغ بهشت روح

به آغازی دگر شاید صفای لامکان بینی

رهائی یابی از ذلت ،هم این بیگانگی ها نیز

مگر اندیشه بگشاید رهی، تا هر نهان بینی

بیا ای (پرنیا) پرواز جانت را تماشا کن

به احساس دگر گونه، تو روی دلستان بینی

توبه شکن

خواهی ای مرغ دل من ،سفر آغاز کنی

بال و پررا بگشایی و تو پرواز کنی

باز با ساز شکسته ، که ندارد حرفی

ناله از شور جدائی بزنی ، ساز کنی

درِ امید ببندی ، تو به روی عاشق

پیش پایش همه دروازه ی غم ،باز کنی

می روی ای دل غمگین ،به کجا کی دانم !؟

تا به تنهائی خود، همدم و هم راز کنی

سفرت خوش ،که به همراهی مرغان چمن

خویش را هم سفرو یار و هم آواز کنی

یاد دارم که تو گفتی، نشوی دور از من

آنچه گفتی نکنی توبه شکن ؛ باز کنی

(پرنیا) را بود امید که خوش باشی و شاد

چه کنم با من غمدیده چرا ،ناز کنی !؟

لطف حق

بارش قلبی ست ،شعر از ابر زیبای خیال

در شکوفائی ، فراتر می رود از قیل و قال

در کلام او بود حسی ،که آرامش دهد

مست معنی سازدودل رابرد، درحس وحال

با دل آگاه و هشیارش درون لحظه ها ست

تا که از الهام جانانه بگوید وز کمال

در سکوت او، ندای ناشناسی می رسد

در دل شاعر شود ، نازل صدای عشق و حال

در کلام او تراوشهای قلبی ، موج موج

در نگاهش آتش عشق و بدون اشتعال

این خداوند است ،میگوید سخن ،با قلب او

غیر از این ،کی شاعر آید در سخن گفتن محال

شعر نغزش ،جاودانی میشود ،در هر زمان

(پرنیا) این لطف حق است و ندارد هم زوال

وجود زن

همت زن شده ،افسانه ی هر دور زمان

هنرش دارو و درمان ، شده در کل جهان

نور عشقش، به سرا پرده ی هستی برتافت

تا به سر چشمه ی هستی برسد، از دل و جان

از وجودش همه جا روشن و تابنده چو مهر

تیرگی نیست در اندیشه ی او،شک و گمان

هست پرورده ی دامان زنان ،عشق و امید

مهربانی ، که شود جلوه گهش فرزندان

می توان گفت نبود ار زن و یا مادر خوب

زندگی رنج و فغان بود و جهان بار گران

(پرنیا) عشق و محبت، به دلت مادر کاشت

تا که بر پیر و جوان مهر دهی ، بی پایان

گذار جان

آن که یادش را، درون قلب ما پایا نمود

عاشقان را خسته و رسوای این دنیا نمود

آمد و بر عشق و بر دلدادگی های زمان

سنتی دیگر نهاد و شورش و غوغا نمود

دانه ی مهر و محبت در زمین دل چو کاشت

گوهر اسرار جان را ، لولوء ولا لا نمود

شور وعشق زندگی، با یکدگر آمیخته

تا که نقش روح و جان را ،این چنین زیبا نمود

می تراود اشک غمخواری،ز چشمان فلک

مست و بی پروای غم پرور، در این دنیا نمود

عطر اندام لطیف گلعزاران در چمن

رفته هر جا ، تا زمین را هم بهشت آسا نمود

(پرنیا) با عشق گلشن،رفته در گلزار جان

تا چو عنقا ،بر سر قاف سخن ماوا نمود

راز عشق

بود سرّی در این هستی و کیهان

از آنچه می رسد ، رو بر مگردان

چنان رازی بود ،در عالم عشق

که عاقل گشته مجنون، در بیابان

به آنجا می برد سودای لیلی

شود شمع وجودش ،گرم و سوزان

مگر عشق آتش است ، دل را بسوزد

من پنهان ، درون جان انسان

بلی باید همه من ها ، نباشد

شود جانها شکوفا ، در گلستان

به هر جا عشق می آید، کند پاک

بهشت عنبرین بینی و رضوان

بیا ای (پرنیا) راز درون ، بیرون فتاده

نترس از سوزشی، کز عشق پنهان

فارغ از غم

بر سر خوان سخن،بنشسته و گویا شویم

یک شبی را فارغ از، غمهای این دنیا شویم

نکته ای خوش ،تا که روحی را به پرواز آورد

با دل و جان گفته و چون ماه شب، زیبا شویم

جامه ها را در سرای دل ،به رقص آریم و شور

جمله جمله با حروفی تازه ، با معنا شویم

چهره ها را بر فروزیم ، از کلام دلنشین

باغ معنا را بیاراییم و روح افزا شویم

در میان انجمن ،گر یک دلی بشکسته شد

با هزاران مهربانی ، از غمش جویا شویم

تا که چنگ است و نوای شور و جامی از شراب

جام ها بر هم بکوبیم و پر از غوغا شویم

(پرنیا) بردار جامی را، لبالب از سخن

نوش جان کن، گل بیفشان تا که بزم آرا شویم

قدرت خاک

برگها لرزنده رقصان، در بهار زندگی

جشن شادی و طرب، شور و شعف زیبندگی

با نسیم دلکشی،برگ لطیف دلربا

با همه نجوا کند،در شور و با رقصندگی

در کنار گل شود دل،مست، عطر نو بهار

کی خبر دارد ز پائیز ، از سر شرمندگی

رقص تند و نرم او، در دست باد است و نسیم

خاطر آسوده ای دارد ، در این بالندگی

روزها دنبال هم آیند،تا فصل خزان

تا که هر فصلی ،به خود گیرد ره پویندگی

ناگهان ازشاخه می گردد جدا ، افتد به خاک

زیر پا فریاد ها دارد ، ز رنج زندگی

عاقبت خاکی شود، در پای گل افشان عجب

تا که گل گردد، شکوفه در تب تابندگی

(پرنیا) قدرت بود در خاک تو، یا خاک گل

در نبودن یا که بودن ، هر زمان از زندگی

در چشم کودک

توانگر گشته بیگانه ،به فقر و درد انسانی
دو ملت با دو دین مختلف ، در جنگ قربانی

جوانان مضطرب در وحشت فردای نا معلوم
غم و درد کهن سالان ببین ، رنج و پریشانی

دو همسایه کنار هم ، ولی با هم چه بیگانه
جهان اندیشه ی انسان ، همه در جهل و نادانی

شده دنیا پر از من ها ، منیّت های بی پایه
چه دنیائی که هر لحظه، بود ،در جنگ و ویرانی

تو قانون را نگر، هر لحظه در تغییر و دراصلاح
دریغ و درد و صد افسوس ،کی اجرا شود آنی

بیا ای (پرنیا) در چشم کودک آن حقیقت بین
که تا عرش خدا، روشن نماید راه ظلمانی

منزل اول

نترس از عشق سوزنده که گنجی از طلا دارد

در آن نیش است و نوش اما هزاران کیمیا دارد

در اول پله ی درک حقیقت، تا وصول عشق

خطر ها در کمین است و بسی رنج و بلا دارد

اگر ترسی از این سختی، بمانی منزل اول

رسد بر منزل هفتم ،هر آن کس کو وفا دارد

تمام هستی و عالم، ظهور وحدت حق است

رسیدن بر چنین وحدت ، بلوغی جانفزا دارد

چو خورشید ی، که از شبهای تاریکی برون آید

دهد نوری بر اندیشه ، که نور کبریا دارد

نترس ای (پرنیا) آتش بسوزاند غم جان را

به وحدت می رسی آنجا، حیاتش هم بقا دارد

نبود حاجتی به غیر

شمع سحر تویی و مرا نور دیده ای

در خلوتم مراد دلی ، بر گزیده ای

حاجت نباشدم که سوی قبله رو کنم

غایت تویی چو نور به هر جا دمیده ای

جام جهان نمای ضمیرم ز لطف توست

بنمایدم که در دل و جان آرمیده ای

دیگر چه حاجت است، روم در سرای گل

وقتی که چون نسیم ، به باغم وزیده ای

جسمم اگر چه پیرهن جان من شده ست

بر برگِ گلشن جان ، زر کشیده ای

لبریزم از می جامی ز عشق دوست

ای دل خوشا که به مکنت و دولت رسیده ای

ای (پرنیا) بگو نبود حاجتی به غیر

عشق است و مهر ، کجا سر خمیده ای ؟

آزادی و آرامش

با من تو بمان دوست در این برهه و دوران

با مهر تو، در جمع شوم شمع فروزان

آزادی و آرامش هر قوم، در این است

اندیشه و دل، گرد هم، آرند کماکان

درمان همه درد و نعم، همدلی ماست

هم عهدی ما جلوه کند، در همه ارکان

با من تو بمان هموطنم، عطر محبت

ای همره و هم سنگر من؛ در غم ایران

بی هیچ درنگی، همگی، متحد و جمع

همیار دگر گشته و همفکر جوانان

صیاد کلام، گهر افشان بشو و نغز

گر نیک تو اندیشه کنی، جمله شوی جان

با من تو بمان، هموطنم عاشق ایران

با عشق پری گرم شوم، گرم و فروزان

خیال اندیش

به بال بوسه، پروازی به دیدار تو دارم من

به جز تصویر رخسارت، گلی خاطر نیارم من

به باغ قلب خود هرگز، نمی کارم نهالی را

که جز بر گلشن عشقت، نهالی را نکارم من

خیال اندیش ایامم ،که در آغوشت آرامم

همیشه خواب پائیزم ، ولی فکر بهارم من

از آن جامی که نوشیدم و زآن لبها که بوسیدم

شدم سر مست و پاکوبان ، کنون عاشق تبار م من

تو گلزاری تو گلساری، نمی آیی نمی آیی

به غیر از گلشن رویت چه دارم من ،چه دارم من

ببار ای ابر نیسانی، به هر گلزار و بستانی

شوم سیراب شاید من ، که بیتاب و قرارم من

به محراب گل رویت ،نماز عشق می خوانم

که بی میخانه و جامت خمارم من خمارم من

رواج شعر من شد (پرنیا) چون تاب گیسویت

سبد ها از غزل هایم به پایت می گذارم من

ز غم آزاد کن

در کنار باغ دانائی ، بمان فریاد کن

یک نظر بر باغبان ، بر عاشقان امداد کن

با چه عشقی ،در نگهداری گل می کوشد او

در دلت شوقی ز گلها هر دمی، ایجاد کن

لطف عطر گل ببین ، در برگ گل پیداست چون

زنده می گردی به آن ، ویرانه را آباد کن

آنچنان عطر تفکر ، بر مشامت خوش رسد

در چنین ، حالی جهانت را ز غم آزاد کن

اصل معنای حقیقت، در بنی آدم چه بود

خیر و همدردی محبت ، هر دلی را شاد کن

پر شود شوق و ارادت، در مشام جان تو

رو بکن بر اصل هستی ، پشت بر بیداد کن

(پرنیا) با من سخن گو از نیایشها ی خود

در چنین باغی قدم زن ، از فقیران یاد کن

باغ جان

حاصل عشق ،رهایی بود ای مونس جان

حبس زندان شده ای، هیچ نگو عقل گران

تا که در باغ دلت عشق گلی افشاند

برساند به تو عطری ز گلستان نهان

هیچ بودم که مرا هستی و ذاتم دادی

تا که آزاد شوم از همه ی وهم و گمان

گر اسیر تو شوم ،از دو جهان آزادم

عاشقی را به من آموز ، تو ای مونس جان

آن سفیری که دهد، یک خبر ازعالم عشق

در پس کنگره ی عرش ، زند بانگ امان

یک نشانی ست وجود تو ، خودت را بشناس

خُلق و افکار تو می گوید از آن سّر نهان

(پرنیا) خود رقم عشق بزن، بر دفتر

تا شوی غرق شعور و سخن و دّر گران

رستاخیز جان

فراخوانی چو عطر پختگی ،در جان شود غوغا

نباشد هدیه ای بهتر از این ،در عالم معنا

شوی سرشار زیبائی ، ذکاوت در کمال عقل

فرا خواند وجودت عشق را ، بی پرده بی پروا

ز رستاخیز جان تو ، پدید آید چنین حالت

بود جادوی هشیاری ، کند جان تو را شیدا

شوی باغی پر از گل ، با طراوت هر کجا خوش بوی

کنی هدیه چنین احسان، به یاران هر زمان هرجا

شود اگاه جان تو ،به هشیاری و بیداری

بگویم آفرین بر تو ، که از نو، زاده ای جانا

بود این اصل ذات و جوهر انسان وارسته

شکوفا می شود کنُه وجودت ، عاقبت پیدا

بیا ای (پرنیا) ، برخیز و رستاخیز جانت شو

به درک این جهان کوشا و گردی عاشقی دانا

مثبت اندیشی

تمرکز می شود یارت ، که در خلوت چو بنشینی

که در تنها یی و خلوت ، بسی سازندگی بینی

در این کار پسندیده ، تمام فکر تو جمع است

که در قلبت همواره می رسد ، هر گونه تلقینی

به امر تو بود تسلیم و حاضر ، هر زمان خواهی

تمرکز در سکوت است و چرا ؟ در خود نمی بینی

بدینسان ذهن تو ، ابزار دستت می شود هر دم

نه آن غول توهّم ، در تو زاید حس سنگینی

چنانی زین تمرکز ، هوشمند و عاقل و هوشیار

چو خلاقی و بر پا می کنی ، یک رسم و آیینی

شوی آماده ، تا معنای عشق دیگری یابی

به چشم یک وسیله ننگری بر کس ، به هر دینی

بیا ای (پرنیا) ، اندیشه را پاک از بدی ها کن

نشان مثبت اندیشی ، همین باشد که گل چینی

کلید گنج

اگر عشق الهی نور رحمت کرده ارزانی

تهی از حرص می سازد، وجودت را به آسانی

بری از خود ستایی، رنج بیهوده ز حسرتها

فرو از خشم و نفرت گردی و افکار شیطانی

چنان سرشار می گردی، ز شوق و عشق ورزیدن

ندانی از کجا سرزد ،چنین خورشید تابانی

خدا نزدیک می گردد ، به قلب تو چو برگردد

وجودت مملو از مهر و شعور و خوی انسانی

نشاط و شادمانی می کند، سرشار جانت را

مثال شعله ی آتش، که گرمی می دهد، در هر زمستانی

از آن پس مهر تو ریزد ،به قلب و روح انسانی

خدا گونه شدی ، پیغمبری ، هم چون سلیمانی

بیا ای (پرنیا) قلبت تهی از رشک و غفلت کن

به دست آری کلید گنج و هر الطاف یزدانی

تجربه با ارزش

زندگی رازی ست پنهان، بلکه پیدایش کنی

لحظه لحظه بگذرد زیبا ، تماشایش کنی

می شود جاری در اعماق وجودت، بس لطیف

هر زمان و هر کجا ،هر لحظه آوایش کنی

درک زیبائی آن، در مهربانی کردن است

تا چه اندیشی و دنیا را چه معنایش کنی

یک جهان عشق و محبت آرزو، در جان تو

هر چه هستی آنچه داری، باید اهدایش کنی

خارج از تو ،زندگی خالی بود از محتوا

در درونت هر زمانی ،شوق دیدارش کنی

(پرنیا) این تجربه باشد ،گرانقدر و عزیز

با شهامت جهل را ،هر گونه رسوایش کنی

بینای عالم

برفتند آن بلند آوازگان، بر قله ی رفعت ز آگاهی

نترسیدند، از سختی راه و پیچ و خمها و ز کوتاهی

ز حلاج و ز سقراط و ز بودا ، هر زمانی در جهان دیدی

گذشتند از غرور و جاه و منصب، تا رهند از بند خودخواهی

ز لمس آن طراوت ها ی روحانی، شدند از جان و دل آگه

به رقص جان شکوفا تر ز گلهای بهاری در سحرگاهی

نمیرد آنکه جانش زنده شد، با عشق و آزادی اندیشه

بتابد تا ابد ،چون آفتاب و روشنی بخشد به هر راهی

بود مرده هر آنکو ،جامه از روی و ریا دارد به هر شکلی

ز خوبی های دنیا ،می شود محروم و می ماند به گمراهی

ز اصل خود جدا گردیده ، در افسردگی درمانده و در غم

ندارد درک هر شادی، چنین احساس شیرینی و دلخواهی

بیا ای (پرنیا) از کف نده ،آگاهی و بینای عالم باش

که در ملک خرد، دانش، محبت هم نباشی کمتر از شاهی

نگاه گفتگو گر

بی نظیر و بی بدیلی ،ای که هستی در جها ن

با صدای قلب خود، بشنو تو رمز و راز جان

محرم خود باش و نامحرم نشو، با خویش خود

ای یگانه ؛ معجزه گردیده ای این را بدان

بشکند سدّ شکیبائی ،در این تغییر ها

بس شگرفی ، در تحول های آنی هر زمان

با نگاه دیگری بنگر، به خویش و هر چه هست

چشم سَر می بندوبگشا ،تو چشم سرّجان

گوش جانت بشنود، شیرین ترین آوازها

با دو چشم دل نگر، بر این زمین و آسمان

این نگاه حق ، تو را تا کهکشان ها می برد

با تفکر در پی اوجی و تا معراج جان

(پرنیا) در آیینه بنگر ، ببینی کیستی !؟

چون نگاهت گفتگو ها میکند، با دوستان

آگاه جان

خدایی می شوی در خود ، اگر آگاه جان باشی

شوی در خاک تن بذر خدایی ، گر روان گردی

به رشد کامل این بذر ، ناگه می رسی در خود

رقم بر سرنوشتت می زنی ،تا شادمان گردی

فراتر می روی از خوب و بد ، در این جهان ای دوست

اگر پست و بلند زندگی را ،دیده و تا بیکران گردی

بود فردیت انسان ، شکوفایی این هستی

رسیدی چون به این ارزش ، گرانقدر و گران گردی

چو آن عشق است ، شخصیت دهد بر عاشق و معشوق

بدون مهر ای جان ، کی ! کجا با خانمان گردی ؟!

نداده قهر و خود خواهی ، به تو شخصیتی محبوب

که چون خورشید رخشان ، بر مدار آسمان گردی

بیا ای (پرنیا) قاضی نشو در جمع یارانت

بشو آگاهِ قلبِ خود ، همه روح و روان گردی

زبان عشق

بی قراری زاده ی دلتنگی و حرمان بود

جان که عاشق شد ، پر از اندیشه ی جانان بود

تو همان دریا دلی ، گه گاه پنهان زیر موج

سر برون کن ، گرچه اطرافت همه طوفان بود

در تلاش پاکسازی وجودت گر شدی

حاصلش ، آرامش روح و روان و جان بود

عشق اگر در دل تجلی کرد ، از غمها چه ترس

چون که روز آید رود شب ، آسمان تابان بود

زندگی بنیاد یک اصل است ، اندر ذات خود

بی نیازی ، مهربانی ، نیکی و احسان بود

عقل کی داند ، زبان عشق را با درک خویش

عشق بر هر درد و بیماری ،ببین درمان بود

کوشش و پیوند عشق و دل ، بود اصل وجود

(پرنیا) زین ره ، به جانان میرسی تا جان بود

<h1 style="text-align:center">یاری رسان</h1>

مرو در قالب الگوی دیگر ، گر که هوشیاری

بساز الگوی تازه در خودت ، تاحس و جان داری

بود پویا چنین جانی ، که خود ساز است در بینش

ذکاوت با شهامت می زند ، پیوند بیداری

بود بیدار آن شخصی ، که جرات در وجودش هست

شود خود جوش و سرزنده ، نه از جبر و نه ناچاری

نوین انسان روشن فکر ، تحول خواه آزاده

عمل دارد ز نیکی ها ، در او ببینی چه آثاری

به استقلال انسانها گذارد ، احترامی بس

بود این رابطه محکم ، به رسم نیک کرداری

خودت باش و دگرگون کن ، جهان را با تفکر هوش

که مثل نعمتی باشی ، جهان را کرده گلزاری

بیا ای (پرنیا) الگوی شور و مهربانی باش

که تا یاری رسانی هر کجا ، دیدی گرفتاری

بی‌تابی اتصال

زندگی رودی بود، در گردش و تغییر حال

چون خود آگاهیست، در هر حالتی خواهد کمال

زندگی دارای سطحی باشد و عمقی اگر

چون فروزان مشعل است و عاقبت هم در زوال

عشق قلبی ، ریشه در اعماق جان داری قوی

تا شکوفای درون گردی ، بی‌تابی اتصال

شاخ و برگ و میوه اش، جانا رود تا آسمان

شعله ی عشقت رسد آنجا ، نگنجد در مقال

عمق افکار تو را ، عشق عاقبت عنوان کند

مهر ورزیدن کجا ، کی گردد آخر پایمال ؟!

با رعایت کردن قانون ، حقوق دیگران

خیر و نیکی ها رسد بر جان تو ، دیگر منال

(پرنیا) قانون بیرون را رعایت کن دقیق

در درونت عشق عالم ، جان بگیرد با جلال

نیک نامی

امنیت ما بسته نباشد، به مقامی

یا ثروت سرشار و ، و یا حُسن کلامی

امنیت هرکس ، بود آرامش قلبش

بی خاطر آسوده ، چه سر مستی و جامی

در پهنه ی گیتی ، همه در کوشش و کارند

بی زحمت و اندیشه ، چه بودن چه قوامی ؟!

زین عالم غدّار ستمگر، دل ما سوخت

تا خون جگر بود ، همه پخته و خامی

ارباب زر و زور ، در اندیشه و در بند

کی ثروت و قدرت ،بدهد خطی و کامی !؟

آسوده بود ، خاطر درویش و چه فارغ

سر بر سر سنگی و ، رود خواب دوامی

آرام و ره مهر بگیر، ای پری از عشق

شاید ز تو ماند به جهان ، نیکی و نامی

قناعت

رضایت همچو باران بهاری ، بر سرم جاریست

روانم با نسیم و عطر گل ، سر مست گلزاریست

به هر فصلی که باشد ، من از این احساس سر مستم

روم در محفلی کان جا،سخن ها هم زبیداریست

نمی دانم من اینک ،در چه فصل ، از عمرمیگردم

دل و اندیشه ام ، در جوشش است و درگهرباریست

سبک بالم شوم باران ، ببارم روی هر برکه

دلم خواهد ، که جاری گردم از حسی که دلداریست

درونم نور می بخشد ، درخشانتر ز هر خورشید

بسان قطره ای شبنم ، به هر گلبرگ و گلنار یست

توان این هنر دارم ، زدایم غم ز جان خود

شوم چون آینه صافی ، چو این آداب هوشیاری ست

تمام غصه ها را می کشم ، بر دوش خود از جان

که باشم فکر انسانهای دیگر ، تا که غمخواری ست

بگفتم (پرنیا) جام قناعت را ، بکن لبریز

چو باران رضایت ، همچنان بر قلب تو جاریست

هدیه به پسرم دکتر احسان

تو دنیای منی احسانِ من ،شوق حضوری

که در هر لحظه ، بینم روی تو دنیای نوری

چو تابد نور رویت ،هر کجا گلها برویند

چراغان گردد آنجا به، چه شادی و چه شوری

تو در گفتار و پندار نکو، همتا نداری

که در کردار نیکویت ، بود دنیا صبوری

به شوق دیدن رویت ،به هر دم شور عشقی

شود جاری به قلبِ مادرت ، شادی ، سروری

عزیزم هستی و عمرم، به دیدار تو بر جاست

تو روح و جانمی ، کز هر بدی هم دور دوری

تو شمع محفل قلب منی، ای جان جانم

که در خلوت سرایم ، مایه ی فخر و غروری

دعای من ،همیشه همرهت بوده گل عمر

تو دنیا افتخاری در دلم ، شمع حضوری

هدیه به دخترم آرزو

دل من در پی دیدار تو و روی تو هست

دختر خوب و قشنگم ، همه جا صحبت توست

دور گشتی و برفتی به دیار دگری

عشق تو در دل من مانده و در حسرت توست

آرزوی دل هر عاشق و هر انجمنی

آرمانی به دلم هست ، اگر همت توست

گر به آفاق نظر دارم و می اندیشم

چشم من مانده به در، از غم و در محنت توست

شده ثابت به من ای گل، که توانا هستی

آنچه دیدیم همه ، در همه جا خدمت توست

تا ابد دیده به در منتظرت می مانم

هر کجایی چه کنم ، بر سر من منت توست

مادرم ؛ تخم محبت به دلم کاشته ام

آبیاری کنی آن را ، که کنون نوبت توست

هدیه به دخترم آفرین

در نهانخانه ی قلبم ،تو شدی مروارید

دختر باغ گلم ، چون تو گلی دیده ندید

آفرینم، تو ز مهر آمده ای همچون عشق

در قدمهای تو قلبم ،چه خوش آهنگ تپید

هر چه دیدم غم دنیا، همه از یادم رفت

تا که روی تو بدیدم ، خبرت چونکه رسید

تو شدی مونس جان ، برگ گلم لطف خدا

به چه تشبیه کنم ، روی تو ای یاس سفید

آفریده ست خداوند تو را ،تا بدهی

بر دل خسته ی من، هدیه ی شادی و امید

شعله ی گرم وجودت ، همه ی شور من است

سر خوش از عطر خیالت ،شده ام مهر و نوید

مادرت تشنه ی دیدار تو، در هر لحظه

تا که هستم ، همه ی عشق منی ،مروارید

رضای خاطر

پذیراییم جان خود، بود لطف خداوندی

شود روشن حیات ما، به درویشی و خرسندی

بود درویش آزاده ،ز چند و چون این دنیا

به گنج بی نیازی می رسد ، از آرزومندی

چو سر بر سنگ بگذارد ،بود خوابش همه شیرین

به شیرینی هر لحظه بود ، دلشاد لبخندی

پذیراییم جسمی را ،که لطف حق در آن جاری ست

بود در اختیار ما ، زمانی چند و یا اندی

به امر او شده کوشا ، تن و روح و روان ما

اگر در راه خدمت طی شود ،عمر از رضامندی

پذیراییم قلبی را ،که رحمت در درونش هست

که دارد مهربانی با درون ، وصلی و پیوندی

بیا ای (پرنیا) بر خود نظر کن،زین همه دولت

پذیرا شو تمام نعمت و لطف خداوندی

خدای درون

ز شوق تو شدم مجنون ، که در اندیشه ام غوغاست

دگرگون گشته احوالم که روحم گشته ، در هرجاست

به عشقی مشتعل هستم ،که غم رفت و سرور آمد

تمام رنجهای من ، همه شورند و دل شیداست

خدا آمد درون من، که دنیایم گلستان شد

که نور حق بود هر جا، همه مهر و همه معناست

نوای تار و تنبوری ست، در هر ذره ی جسمم

از این نای و نوا، چشمم چنین گیرنده و بیناست

خدا را دیده ام من ،همچنین در بال پروانه

که در هر جا خدا باشد ، حقیقت بی گمان پیداست

بگفتم (پرنیا) دریافت ، پیغام می و مستی

ننوشیده ز می مست و نهادش پاک و چون دریاست

قدرت ایمان

جهان و زندگی را قصه ای بی انتها بینم

رها گردیده از غمها ، همه نور و صفا بینم

رسیدن بر بلندای وجود خویش را خواهم

به زیبائی نظر دارم چنین عشق و وفا بینم

ندارم پا فشاری ، بر تمناهای دل هرگز

که در اندیشه های خود ، بسی جرم و خطا بینم

چنان گنجینه ی فکری بسازم کز دلم ریزد

چه گوهر های معنایی ، که از چشم شما بینم

درونم پاک و صافی گردد از مهر و محبت ها

از ایمانم مدد خواهم ،که روی آشنا بینم

شود آگاهیم زنجیر، گر از خوب و بد ترسم

اگر دست از نیاز و ترس بر دارم ، خدا بینم

به ایمانی قوی رو کرده ام ،ای (پرنیا) اینک

جهان را هیچ نشمارم ، تو را خواهم ، تو را خواهم

بخشایش

قفل دل بگشا ، که گنج گم شده پیدا شود

جامه در رقص آید و جان، واله و شیدا شود

روشنی بر جان من گنجی به اعماق وجود

آتشی بر جان کشد ، تا شورشی بر پا شود

معجزه از بودن و هستی تو در زندگی ست

کشف ها در دست و فکر تو مگر، احیا شود

خود نبر از یاد، گر کردی گناهی هر چه بود

پاک و طاهر باش، مجرم عاقبت رسوا شود

رو سفر کن در مسیر عشق تا یابی حیات

چشم نا بینا ، به اندیشه فقط بینا شود

لحظه را دریاب ، کشف زندگی در آن بود

تا که هر پیچیدگی و سادگی ، معنا شود

(پرنیا) در جان سفر کن ، گنج دل را بر گشا

تا که بخشایش بود ، هر ذره ات دنیا شود

درمان درد

بکن کاری که تا توش و توان داری

پذیرای خطر ها شو که هر دم ،امتحان داری

به تو هدیه دهد ، هوش و ذکاوت های لازم را

تو آن ، وقتی موفق می شوی آنگه که آن داری

همان آنی بود در زندگی، شخص تو را سازد

به صلح و دوستی هایی که خود، با دیگران داری

پر از لطف و محبت در کنار عشق و آزادی

تویی درمان هر دردی ، که از خوبی نشان داری

به آزادی شوی بنده ،به اوصافی برازنده

به عشق و معرفت زنده ، که هم این و هم آن داری

دهی هدیه به انسانها ، متاع نیک آزادی

مروت از تو می بارد ، که قلبی مهربان داری

پذیرا باش هر جا (پرنیا) بر امتحانی سخت

اگر شور رسیدن ، بر وصال دل ستان داری

دین معرفت

بود انسان پلی، بین زمین و عالم بالا

سفر ها بایدت ، قطره شوی بر پهنه ی دنیا

طبیعت در وجودت می شود بیدار و پوینده

که می گردد در افکارت ، هزاران راه نو پیدا

نباشد حد و حصری و قلمرو راه دل باز است

فراتر می رود ، تا دانش و بینش از این دنیا

جهان را چون شناسی ، در وجودخود تفکر کن

که بود این کهکشان ، بی انتها پیچیده با معنا

تو دین معرفت را جو، که انسانیت است و مهر

عبادت های ظاهر، ره ندارد بر مقام عالم اعلا

بود یاری رسان انسان عاشق، در حقیقت عشق

تو بر پا کن ز شادی ها، جهانی از محبت را

بیا ای (پرنیا) دین خودت را با حقیقت آشنایی ده

به نیکی ها بکوش و بندگی ، در راه خوبی ها

هستی آگاه

فارغ از حسرت بگذشته ام و از فردا

نه هراسی ز نهان دارم و نه از پیدا

با خود خویشتنم ، عشق جهان می ورزم

چه نیاز است ، که دل را بدهم بر هر جا

همه بیداری دل طلعت عشق است و طلب

غیر از اینها چه کنم ،مکنت و مال دنیا !؟

فرصتی مغتنم و مهر و مه و گردش چرخ

وقت شاعر شدن است و تب عشق و سودا

تا به اقلیم وجود آمده ایم از سر مهر

این جهان فانی و ما خواب و همه در معنا

خواب مرگ است ،که بیگانه بمانیم ز خویش

زندگی درک حقیقت بود و عشق و وفا

(پرنیا) هستی آگاه بود ، زنده به مهر

ای بسا مرده ،که زنده ست به این آب و هوا

لحظه ی فیض

به دانش جویی خود مفتخر گردیده ره پویم

به یاد خالقم انداز ، ای افکار خوش خویم

که تا یک لحظه، در راه حقیقت گام بردارم

به خوبی ها کنم کوشش، ز دل زنگار بر شویم

به وجد آیم چنان گویی که سر از پای نشناسم

نسیم زندگی یابم ، میان باغ گل رویم

حضور لحظه ی فیض است ، شور زندگی ای جان

بیابم توشه ای شاید ، ببینی هر هیاهویم

شوم گلچین در این کوته بهار عمر، گر باشد

که در گلزار عشق و معرفت ،عطر گلی بویم

از این آیین بود پیوند، دلهایی که مجذوب است

و زین سر چشمه ی جوشنده باشد، هر چه می گویم

بیا ای (پرنیا) فرصت برای زندگی کم باشد و اندک

ببین در لذت و شادی ، چه فرصت ها فرا رویم

راه مروت

شدم مسحور جادوی طبیعت شادم و رقصان

نوای عشق و موسقی کند در جان من قلیان

به پرواز آورد در اوج ، لذت روح را با خود

که حتی از برون بینم ،نشاط جان خود هر آن

خداوند وجودم می کند، جلوه به هر چیزی

که صیقل داده روحم را بفهمم راز جسم و جان

بهشتی در وجودم، روشنی بخش دل است امشب

زلال آب برکه در درونم، می شود رخشان

چو خورشیدی که می تابد، به هر جائی به زیبائی

خدا را میکنم احساس و می بینم به دل آسان

شده نا خالصی پاک از حضور ذهن و افکارم

که پر گشته درونم ، مثل گنج گوهر و مرجان

بگفتم (پرنیا) در یافته ، راه حقیقت را

که بر راه مروت می رود ، با نیّت و ایمان

بی نیازی

بر سریر جان نشیند آن دلی کو عاشق است

بی حضور و معرفت کی بینشی آید به دست

ذهن ما دارد هزاران پرسش ، اما بی جواب

جستجو ها باید ای جان ، نه که ماند پا نشست

رو رها کن ذهن درگیری ،که پیچد در خودش

زندگی را ساده طی کن ای هماره خود پرست

این رسالت بوده از روز ازل گر طالبی

چون نیازت در درون ، بی نیازی بود و هست

جسم ما چون آشیانه ،جان در او ساکن ببین

آشیانه می شود ویرانه ، با افکار پست

گر چه زیبا می توان این خانه را بر پا نمود

منتها باید که از شرّ و بدی جان را برست

خانه ی بی صاحب از روز ازل ویرانه بود

(پرنیا) از کوی سرمستان گذر کن مست مست

با نت قدم زن

زندگی را می توان با ساز زیبائی نواخت

نت به نت هر لحظه با احساس والایی نواخت

هر نتی را میتوان با زخمه های دل نوشت

نغمه هایی آفرید و با دلارایی نواخت

می توان اندیشه را تا، کهکشان ها برد و رفت

هر کجایی با ارادت بس تماشایی نواخت

زندگی معنا شود در پنجه ی عاشق که چون

با سه تار جود و بخشش ، شور و شیدایی نواخت

زندگی در نبض احساس و نوازش جاری است

با تپش های دل دیوانه رویایی نواخت

(پرنیا) با نت قدم زن نغمه را احساس کن

هر کجا دست قلم شعر تو را جایی نواخت

طلوع صبحگاه

عاشق و معشوق را پیوند باشد، یک نگاه

با دو چشم خویش گویند و کشند از سینه آه

دل چه پیوندی زند، با هر نگاه ناز و نرم

هر کجا شوری بیفتد ،بر سر از چشم سیاه

می برد جان را به آنجائی که دلخواهش بود

چون نمیداند صحیح است و ، و یا یک اشتباه

در هنرهایش ، توانی یافت راز زندگی

زین سبب عشق آرزو شد ، در دل هر مهر و ماه

می توانی رنج را در جان خود پنهان کنی ؟!

از کجا می آید این سوز نهانی ، گاه گاه

آن خدایی که نهاده، عشق را در قلب تو

آیینه کرد آن نگاهت را ، گشاید شاهراه

گر چه از جانت، برون گردد تمام کاستی

(پرنیا) در آیینه بینی ، طلوع صبحگاه

نیایش

بود انسان شاد، آزاده از هر التهابی

کند سیری که بر هر پرسشی یابد جوابی

نباشد برده ی سیم و زر دنیای فانی

که دنیا پست و بر صورت زند، هر دم نقابی

به خواهش های دنیا دل نبندد هر چه باشد

که شادی و غمش هم بگذرد، همچو سرابی

بشو حاکم بر احوال خود و بر سرنوشتت

که باشد پیروی از دیگران ، بد انتخابی

نیایش در سپاس و خنده رویی ،جلوه ای یافت

و گرنه کی نیایش گر ببیند استجابی

شود غنچه شکوفا، همچو گلهای بهاری

طبیعت همرهت باشد ، اگر کردی ثوابی

بیا ای (پرنیا) لبخند مهر خود بر افشان

که دنیا تشنه ی مهر است و نور آفتابی

نفس امّاره

بدون نفس اماره فقط در سیر و پروازی

خوشا دل کنده ای ، از هر چه با شادی چو دمسازی

چو ترک نفس آسان نیست ، بس دشوار و سنگین است

بکن تمرین و حاکم باش ، بر نفست نکن بازی

هویت داده چون نفس بشر، بر نیکی و زشتی

جدا گردد بد از خوب و صداقت از دغل بازی

ز مکر نفس غافل نیست ،آن آگاه و دور اندیش

که خود را می کند ، دور از هوای نفس و هر آزی

چنان شد نفس امّاره، دهد یک دودمان بر باد

اگر که ترک آن سخت است ، باشد تا به آن تازی

خوشا آنان ،که از این نفس اماره گذر کردند

به نفس مطمئنه دل سپردند از ریاضت ها و دلبازی

بیا ای (پرنیا) از نفس بگذر، تا خودت یابی

ضیافت ها به پا کن ، بگذری از من به خود سازی

غمگسار

مگر ممکن بود عشق و حسادت ،در کنار هم

چگونه آب و اتش می شود یکجا کنار هم ؟!

مبدل می شود بر مهر و نیکی ، خشم و نفرت ها

کجا گردند خوبی ها ، بدی ها اعتبار هم ؟!

چو مالامال می گردد دل و جان ها ز شیرینی

شوند آنجا همه بی درد سر ، یار و نگار هم

تو برکن آن حجاب نفس تا چشمت شود بینا

چنان   گردی   منزه ، با   دلت باشی مهار هم

بود انسان شبیه ماسه های ریز و از هم دور

مگر با هم یکی باشند ، چون صخره کنار هم

یگانه گر شوی ای (پرنیا) با جمع انسانها

به آرامش   رسی با دیگران ،چون غمگسار هم

دیدار خدا

گنجی از شوق بود در دل و اندیشه ما

که دمیده ست در آن مشعلی ای از نور خدا

قدر این لطف گرانقدر بداند آن کس

راند او مرکب توفیق ، به سوی فردا

عالم بی عمل و دانش بیهوده نجوی

با چنین باوری اقبال کند ، روی به ما

برگ پاک است، بگیرد به بغل شبنم صبح

نور حق ، جز به حقیقت نشود جلوه نما

چشم بینا شود آئینه ، جهان را بینیم

درّ ناب است نهان ، در تن فرسوده رها

گر نگیرد دل ما روشنی از ماه خرد

زندگی باطل و پوچ است ، همه سر تا پا

گوش جان باز کن و عاقل و با ایمان باش

(پرنیا) تا که شوی لایق ، دیدار خدا

مهربانی و احترام

اهل دل دارد دو خصلت مهربانی، احترام

هر که دارد این دو خصلت، عاشق است او والسلام

اهل دل گوید سخن بس، دلپذیر و ناب و نغز

مایه ی آرامش است الفاظ او ؛ در هر کلام

آسمان جان او گسترده تر از کهکشان

می درخشد ماه و اختر در سخن هایش تمام

گر شنیدی نکته ی نغزش شوی مدهوش او

همنشین گردی تو با روحش ، چو هستی پخته خام

مست می گردی تو در، هر لحظه او گوید سخن

لذتی نوشین برد جان تو ، از شرب مدام

او ندارد حرف بیهوده که وقتش چون طلاست

قدر اوقاتش بداند ، تا که دارد احترام

یاوه گویی کار نا اهل است و سوداگر نشو

غافل از عمرت که می گردد، پریشان و حرام

گو سخن چون گوهر نابی که دل را می برد

مست هر معنا شوی ،حرفی بزن، ای نیکنام

(پرنیا) گر خواهی از مستی جان غوغا کنی

در نهاد خود نشان، شوری رها گردی ز دام

طواف کعبه ی دل

تو خورشیدی و می تابی، که مستم در درون از خود

دلم چون جای تو گشته ، مرا کرده برون از خود

برون کرده منم ها را ز جان بی قرار من

قرار آمد شدم راحت ، که دارم من سکون از خود

گرفتم نور حق در بر، چو گنجی برتر از گوهر

چو قدر این گوهر دانم که دیدم من فزون از خود

هزاران نکته می باشد در این معنا پیچیده

شدم معذور این حرفم که دارم آزمون از خود

بهشت من شده قلبم ، که تو آنجا مکان داری

گرفتم عشق را در بر، که بی هر چند و چون از خود

تویی آن کهربای من ، منم کاهی به سوی تو

شدم جذب هوای تو،که دیدم من جنون از خود

شده لبیک گویان (پرنیا) مست از چنین حالی

طواف کعبه ی دل کرده ، تا گشته مصون از خود

طریقت

دل ز سوز جان زند فریاد، محرم راز کو

بگذرد عمرم به هر داغ غمی ، دمساز کو

پیچد این آه و فغان، در گرد باد لحظه ها

ای مسافر ، اندرین کوچ زمان همراز کو

شاهد شیرین لبم آواز داد،ای عاشقان

این همه دعوی عشق و ذره ای ابراز کو

پیر ما در میکده سرگرم نوش می بود

فارغ از جور زمان ، پرسد که سرو ناز کو

ما در این ورطه به طوفان ها گرفتار آمدیم

او طریقت ساز بحر عشق ، گوید ساز کو

در طریقت پیروی کردن ز پیر از جان بود

منتها بالی که ما را می دهد پرواز، کو

می روم از منزلی در منزل دیگر که من

جستجو ها در افق دارم ،که چشم انداز کو

(پرنیا) فارغ شو از جور زمان و زندگی

ای که گفتی ، این جهان را آخر و آغاز کو

اوج شوق

عشق تو می برد مرا ، به اوج شوق زندگی

مهر کجا و من کجا ؟ ، عشق نثار می کنم

گردش چرخ زندگی ، می کشدم به موج ها

ساحل عشق گر بود ، میل کنار می کنم

سر شکنم به صخره ها ، این منم و شراره ها

تا که در این شتاب خود ، عشق شکار می کنم

بگذرم از سراب ها ، وز همه التهاب ها

با همه پیچ و تاب ها ، نغمه شعار می کنم

وحشت وهّم زندگی ، هول و هراس می دهد

من به وصال روی تو ، لحظه شمار می کنم

عطر گلی به بوستان ، چون گذری ز خاطرم

از اثر خیال تو ، یاد بهار می کنم

آب شدم لطیف و نرم ، مثل حریر و (پرنیا)

هر طرفی که می روی ، بر تو نگاه می کنم

بدون شک

مرا چو مژده ی یک آرزو رسیده به جان

پیام شادی و امید روشن است و عیان

کسی که می شکند حلقه های عشق و امید

بدون شک که ، بریدست پرده ی ایمان

در این میان که هوا سرد و قلب من بشکست

فضای گلشن جان ابری و مه آلوده ست

خدای عشق خبر می دهد ، که شد در باز

اسیر درگه ما ، پر بکش بکن پرواز

هزار لاله ی چون شمع می شود روشن

در آن نگاه پر افسون، چو گویدت به سخن

چنین بود ره هستی و عشق جاویدان

چو هر نفس بدهد جان تو را ، از او بستان

نباش دل بریده ز امید (پرنیا) دنیاست

نهال عشق خدایی همیشه پا برجاست

حجاب دیده

تو ای زیباگل هستی ، می از ساغر بنوشانم

که تا مستی کنم هردم ، خروشانم ، خروشانم

هزاران وسوسه هر دم ، بیفتد در دلم از عشق

پیام از جان شنیدم این ، چو من در نزد جانانم

فریب نفس افسونگر ، شود سّد ره بینش

حجاب دیده ی درکم ، بود حال پریشانم

رها گردیده ام اینک ، ببینم چهره ی ماهت

شدم ره پوی عشق تو ، محبت گشته ایمانم

می و چنگی بیار ای دوست ، که شوری افکنیم در خود

که ترک عقل و هوش امشب ، شود واجب که میدانم

ببین در محضر خوبان ، پر از شادی هیاهو شد

ز غم ها بس بلا خیزد ، جدا کردم زهر حرمان

نشو ای (پرنیا) گمره ، چو راهت روشن از ماه است

می صافی به چنگ آور ، که باشد درد و درمانم

نشانه رخ تو

نسیم خاطر تو، در بهار گلشن جان

شکوفه زار کند ، باغ و صحنه ی بستان

به هر طرف نگرم ، یک نشانه از رخ توست

شکوفه با سخن عشق ، دارد از تو نشان

ندای شوق تو ، در جان ما زند فریاد

به گلستان محبت ، چو گل دهد فرمان

به برگ و غنچه ی این باغ گل ، نظاره بکن

ببین که خار و خس آمد، به ناله و افغان

در آن نگاه تلالو بود ، که رخشان است

نگاهبان محبت ، به دیده ی عریان

چراغ راه حقیقت ، همیشه تابان است

صفای مهر و ارادت ، فتاده تا بر جان

چه خوش بود ، که درون بین شوی به احوالم

چو (پرنیا) شده مفتون تو ، گل خندان

آئین محبت

به خلوت خانه ی دل رو ، تو آئین محبت بین

پیام آشنائی را شنو ، نقش مروت بین

شکوفا می شود در تو ، هزاران غنچه ی احساس

بود این زندگی فانی ، به چشم خود حقیقت بین

نیازی و تلاشی نیست ، در اقلیم جان هرگز

که باشی کامل و جامع ، ره اخلاق و حکمت بین

بیافزا شوق آزادی ، رها شو از غم هستی

چو موزون شد دل و جانت ، دل آرائی و رفعت بین

بود آغاز تو درکی ، چو آرام درون یابی

تویی خلاق زیبائی ، که عزت ها و شوکت بین

شود این وجد و شور تو ، نشان از عمق افکارت

چو جوشد در درونت حس ، برای خود فضیلت بین

دهان بر بند و گوش جان ، به حرف عاشقی وا کن

سکوتی ژرف در جانت ، پدید آورده خلوت بین

نگو بنگر جهان و جمله هستی را و رهرو باش

به هر مسلک که رو کردی ، فقط غیر از منّیت بین

بیا ای (پرنیا) مهر و محبت را ، تو افزون کن

جهان بهتری ، در خود بساز و هر چه خدمت بین

خلوت جان

مجلس انس و شراب و روی یار آراسته

می به جام و ساقی فرخنده فر ،بر خاسته

خیر مقدم گو ، بر آن مستی که گیرد این کلام

نکته نکته هر چه معنا ،زین سخن می خواسته

عطر گل چون در مشام جان ما ،گیرد قرار

مست گردیم از سخنها یی ،که شد پیراسته

گر نیابم فهم هر معنا ،شود عمرم حرام

طی شده عمرم ، به ناکامی و جانم کاسته

درک این مطلب ،برد در عمق دریای وجود

تا پژوهشگر بیابد ، نکته ای ویراسته

(پرنیا) در گوشه ی محراب ،این میخانه رو

چونکه خلوت خانه ای ،دور از بدی ها خواسته

هستی و نیستی

قطره ام و ز بی کران ، عشق تو در دلم نهان

دل کشدم به سوی تو ، آمده ام دوان دوان

با دل من چه کرده ای ، شیفته عاشقت شدم

آمده ام به سوی تو ، بی خبر از همه جهان

هست مرا هوای تو ، روی نما به عاشقت

سوختم از فراق تو ، حرف بزن بده امان

گرد فناست بر سرم ، دست بقاست دست تو

بود و نبود مست تو ، هستی و نیستی عیان

یاس و بنفشه دم بدم ، از تو خبر دهد به ما

رو بنما به عاشقت ، شعله ی عشق جاودان

ای همه مهر و دوستی ، جای تو باد در دلم

جان شده سرسرای تو ، نیست ز من اثر نشان

چون که رسد به (پرنیا) ، بوی وصال و مهردوست

شهر به شهر و کو به کو ، در طلب است هرزمان

بهار و شادی جان

در فصل خیال من ، اکنون که بهاران است

رنگ خوش گلهایش ، هر لحظه نمایان است

بوی نم و خاک و گل ، پر کرده فضایش را

یعنی که بهار آمد ، فصل گل و ریحان است

چشمان شب ما هم ، در خواب شد و مخمور

از دور افق را بین ، خورشید درخشان است

بیدار شو ای عاشق ، از خواب فراموشی

بنگر که چه غوغایی ، در جان تو پنهان است

اندوه برفت از دل ، آزاد شد از غم جان

بنشین به طرب عاشق ، هر جای گلستان است

بر خیز و بیا پر کن ، جام از می شادی ها

چون لحظه ی دیدارت ، لب بر لب جانان است

در کوچه و در معبر ، نور است که می تابد

به به همه جا روشن ، رقص مه عریان است

هر گونه پری مستی ، مستی تو از می نیست

در حال خوشی هستی ، شادی تو از جان است

جای در دلها

که هستی در درون من، که هر دم می کنی غوغا

به وقت عاشقی، مدهوش و مجنون می شوم شیدا

شوم شمع شب افروزی ، بسوزم تا سحر در خود

مرا دیوانه می سازی ز خود بیگانه ، در هر جا

به نور شمع جان و دل ، مرا پروانه ای باشد

که می گردد به گرد من ، چه رقصان و چه بی پروا

اگر پروانه ام سوزد ، ز عشق جان من بینی

چه غم باشد بسوزانم ، وجودم را در این دنیا

بدی ها یم رود از بین ، خوبی ها کند جلوه

چو الماسی برون آیم ، ز خاک تیره ی اعلا

ببینم روشنائی را ، به هر روی و به هر برزن

کنم امروز شادی ها ، که شاید نیستم فردا

مرا پروانه ای گردیده همدم ، عمر اگر باقی ست

به مهر هم رها گردیم ، از اندوه و غم سودا

بیا ای (پرنیا) چشم خرد ، در خویش پیدا کن

شوی چون عشق پا برجا ، که جای تو شود دلها

خویش را در تو

گل زیبا نیاز شبنمی دارد ، که رویش را در او بیند

شود آیینه و چون باده ، جان را در سبو بیند

طراوت می دهد ژاله ، به وقت بوسه بر سنبل

در این شور و هیاهو ها ، چه مستی ها کند بلبل

به روی تو نظر دارم ، که یابم خویش را در تو

تو هم بنگر مرا ،آیا که من گریده ام نیکو

نیاز خود عیان بینم ، به شوق آرد مرا هر دم

تو هم چون ژاله شو ، آیینه شو ای همدل و همدم

که تا یابم خودم را ، با تودر وقت کم و کوتاه

ستاند جان، تو را از من ، مرا از تو به یک دم آه

درون خود بیاراییم و گل ،بر یکدیگر ریزیم

به نوشا نوش ساغر ها ، بنوشیم و به پا خیزیم

بیا ای (پرنیا) درسی بگیر، از شبنم زیبا

درون را پر طراوت کن ، برون را چون گلی زیبا

نجوای بلبل

نظر کن بر گل سرخی ، که در باغ و چمن پیداست

به لب خاموش و اما ،در نگاه او ، پر از غوغاست

سخن ها در نگاهش بینی و بس راز ناگفته

تو گویی شاعری شیرین سخن ، در محفل گلهاست

دل عاشق به راز دلبران پی برده می داند

که درجانش،چه حالی وچه شوری و چها برپاست

خطر بسیار می باشد ، به راه عشق ورزیدن

مگرعاشق کنداین رهرویی ،چون گرم و بی پرواست

به ساز دل توان زد ، زخمه ی جانسوز رنجوری

که در هر گوشه اش شوری ، هزاران نغمه و آواست

چو بلبل خواند او را ، زیر گوش غنچه و گلها

که همچون (پرنیا) شعرش،لطیف وساده وگیراست

خاطره تو

چون خاطره و یاد توام ،مونس جان شد

دل بی تو به جان آمد و چشمم نگران شد

هرگز نتوان کرد غمت را همه پنهان

از پرده برون آمد و خورشید نشان شد

با لطف کلامی برود، دل سوی معنی

ای وای از این آب معانی ،که روان شد

ز آن نور سخن کز اثر عشق بدیدیم

در جام الست است، که گفتیم و بیان شد

چون ابر حجاب از سر گل آمد و بگذشت

گلزار جهان تازه تر از باغ جنان شد

تا شعله ی عشقی ،به دل پاک بیفتد

بس عاشق سودا زده مجنون زمان شد

مدهوش پری گشته، ز لطف سخن دوست

هر چند کهن سال ، ولی تازه جوان شد

راز مگو

مژده دادی که بیایی ، ولی اما تا کی

ای خوشا مست تو باشم ، که جهان گردد طی

طالب نور نهانی شده ام ، در دل خویش

تا به آنجا که شوم مست تو ، نه باده و می

حالیا گر تو بدانی ،که من اینک چونم

رویش صبح بهاران ، شده پیدا دردی

وحدت عشق تو با ماست ، اگر مسرویم

خون گرم کرمت ، گشته روان در رگ و پی

در پریشانی طبعم ، قلیانی ست عجیب

داستان دل شیدا ، بشنو از من و نی

عشق و شوری ست در این بحر تفکر ، شب و روز

مثل کاهی ، به سر موج و امیدی در پی

هاتف وصل و لقا زمزمه دارد با ما

(پرنیا) راز مگو شرح بده ،،با من و وی

در هشتاد و پنج سالگی

شعله ی عشقت فکندی بر دل و بر جان من
شعله ور گردیده ، زین آتش همه ارکان من

تا رسالت دارم اینک در غزل با روی تو
در فضای شعر می گردم ، شده دیوان من

انوری در سینه دارم همچو خورشید فلک
شه فرود آرد سرش بر کاخ بی دربان من

خانه ای از عشق و آزادی ، پر از لطف صفا
دارم و قلبم گواهی داده ، بر ایمان من

مستم از شرب مدام باده و شعر و سرود
جشن رقص زندگی بین ، در رگ و شریان من

عمرم از هشتاد پنج ، گر که گذشت آسان نگیر
فصل پایانی به عشق و شور جاویدان من

من ندارم شکوه ای ، از رفتن عمر و زمان
باز میگردم ، که باشد وعده ی جانان من

قرعه ای نامم فتاده ، تا از این منزل روم

مطربا چنگی بزن ، بر ساز خوش الحان من

ساکنان عرش را ، با شعر میگویم سخن

یک شبی شاید ، دل دیوانه شد مهمان من

در درون سینه ام ، عشقی نهان دارم خدا

(پرنیا) این جان و تن ،این قلب و این ایران من

الطاف سبحانی

برون از حبس و زندانت بیا ، ای ماه کنعانی

که مصرت ،مسند جان گشت و دور از هر پریشانی

اگر چه در دل زندان ،اسارت بود و تنهائی

رها شو از حصار تن ، از این دنیای ظلمانی

هر آن کس را ،که مشتی خاک می ماند از او باقی

چه حاجت ، بر تمنا ها و یا حس پشیمانی

در این گردون مردم خوار و سرتاسر همه غصه

چه می خواهی ، چه می جوئی ، چه دارویی ، چه درمانی ؟!

تو گر مرد خدا هستی ، رها شو از همه پستی

جهان عشق است و سر مستی ، فضیلت خوی انسانی

خطا در کار دل کی شد ، که عمرت بی خبر طی شد

چه حاجت بهر مه رویان ،که دل بندی به هر فانی

بیا ای (پرنیا) می خور، ز دست ساقی باقی

که گر خاکی و گر آتش ، همان الطاف سبحانی

آوای اندیشه

این غرور بی ثمر، با عمر من سر می شود

قلب چون آیینه ام ، آخر منور می شود

چشم من بینا شود ، بر پست و بالای حیات

حل هر مشکل ، برایم تا میسّر می شود

حد و مرز خواست ها ی زندگی، معلوم نیست

عقل نا فرمان ،چه رهدان و چه رهبر می شود

نفس شیطانی مسلط شد، از او من بگذرم

عشق اگر در دل فرود آمد، مسم زر می شود

تا بود آوای اندیشه، نباشد ناله ای

می برد در جایگاه مهر و افسر می شود

مهر و خوبی تاج شاهنشاهی است و افتخار

آسمان دل پر از مهتاب و اختر می شود

(پرنیا) شعر و سخن را کن لطیف و معتبر

در لطافت گفته هایت بارور تر می شود

زرتشت

به پندار و به آیینت ، جهان بیدار باید کرد

به گفتار نکویت ، هر که را هشیار باید کرد

به نیکی ها که فرمان داده ای، دلها شود بیدار

به زیبائی افکارت ، زمان پر بار باید کرد

تو ای زرتشت نیکو نام ، مهر آئین آزاده

دل و اندیشه را با مهر تو، سرشار باید کرد

که مانده این نکو نامی، ز جان و روح اعلایت

که در هر جا به نیک اندیشیت ، اقرار باید کرد

چو خواهی بشنوی ، خوشبختی انسان در این پند است

که با بیگانه وهرآشنائی هم نکو رفتار باید کرد

چنین در خانواده گوهری پرورده می گردد

به جمع جامعه جانا ، همه سردار باید کرد

به هر کشور چنین سردارهایی ، رهنما گردد

همه صلح و صفا ، بی جنگ و خون در کار باید کرد

بهشتی گر بود اینجا بود از بهر انسانها

به جان (پرنیا) ، از جان و دل ایثار باید کرد

بیداری جان

ساقی ام ای باده خواران، نوبت دیدار شد

دل بُرد آن چشم افسونگر، که افسونکار شد

من نمیدام چرا آمد، شرابش ، از چه بود؟!

آنقدر دانم، که دل از مستی اش بیدار شد

مستی از بیداری جان است و هر دم نوگلی

در دلم رویید و پیغام نسیم یار شد

کرد صید دل، ز هر اهل نظر با روی خود

تا نگاه آشنا ، از عشق او سرشار شد

کیمیای دیده ی باز است ، دیدار رفیق

خوی بیداری ، به جان آورد و این اشعار شد

با غزل همدم شدم، با کلک زرین هم نفس

صحبت از بیداری دل گشت و جان هشیار شد

(پرنیا) سرکش بشو چون شعله ،در بزم سخن

آب گشتی همچو شمع و تا که این گفتار شد

ژاله آسا

به سَحر لاله و گل گشت چو شاد از ژاله

دیده اش روشن و جانش شده مست از باده

لاله شد آیینه ی ژاله و رنگ رخ او

نقش روی و تن خود یافت درون ژاله

می دهد شرح و بیان در خم و غلتیدن خود

زین سبب همدم گل گشته شده افتاده

نقش این پاکدلی را نبر از دیده ی دل

عاشقانه نظری کن تو نبینش ساده

موج سر سخت تمناست ، رسد بر ساحل

تو که دریایی و هر گونه طلب بنهاده

نور خورشید که تابان شده بر ابر سپید

تا دگر باره فتد بر تن هر دلداده

(پرنیا) در ره دلدادگی و مهر و وفا

ژاله آسا ثمری ، بخش و بمان آزاده

باور حیران

در دولت سرای عشق گم شد، در دل خوابی

شب است و خلوت و تنهایی و اندیشه بی تابی

در این پس کوچه های انتظار در هم و بر هم

دوانم تا ببینم ، روی آن زیبای مهتابی

سبب ها را بجو ای دل در این صبر ؛ انتظار تلخ

رسد آیا غم عشقی و گرمای تب و تابی

به ژرفای جهان رفتم، که شد تاریکی جهلم

به امید پگاهی ،سر زند خورشید شب تابی

بهار عمر را بنگر، شتابان بگذرد هر دم

در این آمد شد و رفتن کجا ،جویم می نابی

بود از دو قبیله، عاشق و معشوق دور از هم

خدایا وصل کن لب تشنه را ،بر قطره ی آبی

بیا ای (پرنیا) احوال مجنون را ،بپرس از من

که همچون باورم لرزید و حیران شد، به هر بابی

بال معرفت

به بال معرفت ، جانا و اگر پرواز میکردم

به محراب دو ابرویت ، نماز راز میکردم

چو من گم کرده در راهم ، بیابان در بیابانت

برای دیدن رویت ، سفر آغاز میکردم

به دریای تفکر، یا به اقیانوس احساسم

شناور در هوای آرزو ، اعجاز میکردم

گر افکارم بگیرد اوج و با عشقت در آمیزد

به روی دل،در ِ اندیشه ام را باز میکردم

به بام لحظه ها، پا می گذارم ، من به لطف تو

به باغ و گلشن مهرت ، دوصد آواز میکردم

به بال (پرنیا) پرواز و با عشقت، روان گردم

که ای کاش آرزو و مهر خود ، ابراز میکردم

صاحب اسرار

فکنده است مرا، در میان خون سودا

به پا نموده قیامت در این دل رسوا

کجا ز مهر و وفایش رها توان گشتن

که اوست صاحب اسرار و این همه غوغا

به تار و پود وجودم، اگر به زنجیرم

رها ز خویشتنم در پی دل شیدا

صفا و مرحمت گل، اگر چه در جان است

هوای یار ببین، چون وزیده بر هرجا

نسیم صبحگه از باغ گل چو بوی آورد

درخت غنچه بر آرد به شاخه سر تا پا

رواق میکده از روی عشق رخشان شد

به شوق و شور چه مستند عارفان زیبا

چو (پرنیا) سخن از یار در غزل گوید

سرود عشق سراید مدام سیل آسا

شاعر

از این رو هدیه شد، شاعر به دنیا

سراید شعرهای خوب و زیبا

به باغ زندگی چون بلبل مست

بخواند فصل گل در باغ مینا

بسان مرغ زیبای شب و روز

به پرواز آید از بهر تماشا

کند شوری به پا در قلب عالم

دمد جانی به تن همچون مسیحا

تراشد ساغر از اندیشه‌ی پاک

در آن ریزد سخن چون باده گیرا

تمام اختران، آسمان را

بچیند، در حریم یاس زیبا

ندیده کس چنین زیبا نگاری

به بیداری و خواب و یا که رویا

ز خواجه حافظ و خیام و سعدی

بلند آوازگان شعر دنیا

به قلب (پرنیا) پیوند مهریست

ز شور و شوق آن گشته نویسا

ظلم و ستم

مردن و فانی شدن را سهل و آسان دیده ام

مرگ را در نزد پیران و جوانا ن دیده ام

دختری در سوفیا دیدم ز شیرین بود سر

زنده بود ، اما ورا بی روح و بی جان دیده ام

در لهستان نو جوانان قوی بودند زار

چهره غمگین و دُژّم بس زار و گریان دیده ام

در یوگسلاوی فراوان مردم رنجور و خوار

از مخدر ها خمار آلوده لرزان دیده ام

من در استانبول بدیدم دختری را بس غمین

کز تجاوز خسته و گریان و نالان دیده ام

بود فرزندی در آغوشش از این ظلم و ستم

این چنین ، بسیار آدم های نادان دیده ام

نازنین زیبا گلی دیدم که در زنجیر بود

من غزالی را به چنگ تیز دندان دیده ام

می کندانسان به خود فخر ازسرکبر وغرور

آدمی را بارها بدتر ز حیوان دیده ام

(پرنیا) آزرده دل از دست آدم شکل ها

هرکجا یا نا کجا اینگونه انسان دیده ام

کلک زرین

بر سر دیوارجان، دل تا خاطرش پر می کشد

نقش غم را کلک زرین ،وه که بهتر می کشد

دوری معشوق می سوزد بنایی را ز بُن

تا که عاشق پیکر ، معشوق در بر می کشد

دود آهم می رود، بر آسمان جور عشق

خون ما را ،ساقی مستان که بر سر می کشد

معبد قلبی شود بر پا،به دست آرزو

منتّش را هر کجا ،خورشید خاور می کشد

دیده و دل را اگر، با یکدگر کاری نبود

میل هر یک دیده ی من ،سوی دیگر می کشد

باد ویرانگر اگر، بر خرمن گلها شتافت

بلبل شیدا چرا،بر هر طرف سر می کشد ؟!

سبز بادا (پرنیا)ا اندر بهاران باغ ما

تا قلم بار سخن، بر دوش خود گر می کشد

رنگ بر گیرم

رنگ بر گیرم چنین از، رنگ ها

بس در آمیزم ، به هم هر رنگ را

رنگ سرخ عشق ، بر دریا زنم

مثل موجی می شود، هی جابجا

گرمی اش آتش زند، بر هر دلی

بس اثر ها می کند، در هر کجا

یاس زیبا را نشانم نزد او

جلوه گر، چون روشنی مهر و وفا

چهره ی دلبر، بسازم گلبهی

تا نشانی باشد . از رخسار ما

پس ز نارنگی، جدا سازم چو رنگ

بر کنم من، ریشه ی جور و جفا

رنگ آبی را زنم ، بر آسمان

می کشم ابر سپیدی با صفا

بر درختان می زنم،از رنگ سبز

نور افشان می کنم، من باغ ها

آری این مهر و صفا در بوم من

نشاتی باشد ز روح (پرنیا)

طعنه بر جام جم

دل من خسته ز گلزار لطافت دم زد

مهر پیدا شد و آتش ، به همه عالم زد

درد عشقی که نهان بود ،هویدا گردید

شور و شادی به سرا پرده ی هر ماتم زد

شورش یاد جوانی ،به دلم باز افتاد

فکر پیرانه سرم ، را همگی بر هم زد

غنچه بر خانه ی گل جلوه ی دیگر بخشید

صبح گاهان که به رخسار چمن شبنم زد

از دل خویش زدود ،آن که به مهری برسید

دست بر دامن هر مونس و هر همدم زد

(پرنیا) ،خانه ی دل خلوت معشوقم باد

عشق اگر بود ، توان طعنه به جام جم زد

پیش عارفان

هنر باید که خود یاریگر ، کار بشر باشد

بسازد زندگی را نو ، وجودش پر ثمر باشد

اثر ها ی پسندیده ، نهد مرهم به هر زخمی

دلی را شاد گرداند ، به رنجی کارگر گردد

نشان از خصلت انسان ، در آن باشد به هر شکلی

برد شام سیه را ، از نظر ها تا سحر گردد

تهی دست آمدیم اما غنی ، از هر چه دنیا داشت

که پیش عارفان ، افسون دنیا بی اثر باشد

دو روزی بیش نبود زندگی ، آن هم چو برق و باد

شتابان بگذرد ، تا هر که از آن بهره ور گردد

ترانه خوان و پا کوبان شود ، طی این دو روز عمر

خدایا دل نماند غافل از خود، بی خبر گردد

یگانه بودنم با مردمان ، درمان هر دردی ست

کلامت (پرنیا) چون گل ،همیشه تازه تر گردد

سالار فکر

صدای فکر خود بنگر ، که در قلبت گذر دارد

چه اوهام و تصورها ، که با خود زیر سر دارد

مدیریت بکن فکر خودت را ، خوب و خوش زیبا

گر آگاهی ببین ، اندیشه ات صدها هنر دارد

در این چالش تو گام عشق را، بردار و محکم باش

به مقصودت رسی هر جا، مقامی پر ثمر دارد

عنایت کن وجودت پرشده، از هر چه خیر و شر

میان موج اضدادی ، پری بگشا   اثر دارد

در این گسترده دشت زندگی ، دنیا فرا رویت

هزاران چاه پنهانی ، که در هر رهگذر دارد

تویی آن قافله سالار ، آگه در سفر باشی

برو بی ترس و بی پروا ، اگر راهت خطر دارد

بیا ای (پرنیا) سالار فکرت باش و شادی کن

به مقصد می رسی آخر، اگر چه شور و شر دارد

خرد ورزی

روند فکری ما جوششی در جان بر انگیزد

که دل در خواب باشد ، بر سرش شوری به جان ریزد

خرد در جان کند غوغا ،بنای زندگی سازد

نیازی نیست عشق   آید ، که با او مانده بستیزد

به دانش کوششی باید ،که جذب فکر ما گردد

دهد رشدی که با جان ، هم چنان پیوسته آمیزد

طلوع صبح بیداری ، شکوفا تر ز باغ گل

محقق گر شود ،از دشت دلها بوی خوش خیزد

چو بشتابد به سر، هر مست خواب آلود

ببینی هر خرد ورزی ، ز جهل و فقر بگریزد

خرد شخصیت فکری انسان می شود، وقتی

که عشق و مهربانی ،بر دل و جان ها بر انگیزد

جهان را (پرنیا) من گشته ام ،بر کوی و هر برزن

که جویم آنکه را، خود خواهی و جهلم ز جان ریزد

نغمه های آسمانی

زمانی می رسد در روح انسان ، عشق پا برجاست

ترنم های شیرین،در دل و جان است و چون زیباست

سکوتی ژرف و بیرون و درون در هلهله غوغا

نیازی کی بود بر گفتگو ، وقتی که دل شیداست

الهی عشق زیبائی ، که در تو نقص و عصیان نیست

همه نوری و آزادی ، وجودت گرم و هستی زاست

چو بی پیراهه می باشد ، دل بی حسرت و زیبا

ز هر بندی رها گردیده، پا بر جا و با معناست

ترانه می شود کل وجود و خصلت انسان

همان وقتی که موزون است و آهنگین و در نجواست

ببین ساز نهفته در درونت ،چون به رقص آید

ز بودن در هوای خویشتن ، گوید که بی پرواست

شود تبدیل عشق تو به آن سازی که جان رقصد

بود مهر الهی ، در هماهنگی چو دل میخواست

بیا ای (پرنیا) از پل گذر کن ، شور و غوغایی

که یکسر نغمه های آسمانی ، در دلت پیداست

کلک زر نگار

بیا بنشین کنار گل ، چو سرخ است و بسی زیباست

سکوتی ژرف دارد او ، پر از شور است و در غوغاست

چنان خوش می نوازد ، ساز معنی را به زیبائی

تو گویی عطر خوش بویی ، که در جام تن گلهاست

تو چون عاشق شوی دانی ، چه شوری در درون داری

دگرگون سازد آوازت ، چو جان هرلحظه در احیاست

برو در نغمه پردازی ، بساز آن نغمه ی شیرین

که در شورت جهان رقصد ، که آوایت چه با معناست

ببین گلهای وحشی را ، که خود رویند و بی پروا

ببین شوق حضور و رقص آنها را ، که بس گیراست

ترنم های باران را شنو ، در قطره های تند

چه موسیقی شیرینی ، که در هر ابر باران زاست

جهان چون شعر ناب و (پرنیا) پندی بگیر از آن

که کلکت زرنگار است و چه خوش گویاست

چتر آرامش

رها کن هستی خود را ، به یک عشق جهان آرا

که این رنج و فنا سازد ، جهانت را کند زیبا

رها کن عشق بیهوده، کمی در خود تعمق کن

کجا دل بسته است ، بر خار و خس های بیابانها

شکوفا می شوی ، چون لاله های باغ اندیشه

بگستر چتر آرامش ، به روی مردمان هر جا

ببین خاصیت عشق و ببو عطر دل انگیزش

شوی دور از تعلق های بی حاصل، در این دنیا

در آن وقتی که مهر نابی و شوقی، برای خلق

چو طالب گشته ای، نور حقیقت میشود پیدا

که مطلوبت درون جان و دل ، سکنا کند سکنا

حقیقت می شود روشن ، همین امروز یا فردا

بیا ای (پرنیا) در مجلس خوبان آزاده

که جوشد چشمه ی مهرت ، به این شعر تر شیوا

آواز با معنا

بکن تبدیل آهت را ، به یک آواز با معنا

که پیدا می کنی خود را ، در این الحان خوش آوا

شدی دعوت به این فرخنده جشن خنده و شادی

شوی از خود برون ، سرشار عشقی و نویی شیدا

ضیافت هر دمی بر پا ، که من شعر و غزل گویم

به لطف شعر شیدایی ، که اینجا کرده ام بر پا

بشو سر مست هستی ، تا شراب عاشقی نوشی

که عمر نوح کم باشد ، در این بازار بی سودا

چنان سیراب و پر از بی نهایت می شوی، ای دوست

که نشناسی در این محفل،خودت را و که جان از جا

به انسانهای تنها و غمین گویم ،که بر خیزید

به جمع دوستان پیوسته ، چون قطره در این دریا

بیا ای (پرنیا) افتاده در راهم به شور آور

مرا   تا پای کوبان ، کف زنان شورش کنم غوغا

پند ادیبان

نکن با ترس همراهی، تبه سازد دل و جان را

بدون واهمه بشکن ، حصار و قفل زندان را

شجاعت شور و بی ترسی، حماقت را برون ریزد

خصوصا در چنین غوغا ،بیابی نور ایمان را

مرو در تیرگی، گمراهی از پیش و پست آید

کشد در قعر چاه خود ،چنین مسکین غریبان را

گریزی از خطا کردن، نباشد چاره ای گاهی

که در تکرار آن بینی ، فقط ، اندوه و خسران را

خطا کردن گهی لازم ، که گیری پند از کرده

اگر چه می چشی ، طعم بد تلخی و حرمان را

تو حاضر باش در درس و کلاس زندگی ای دوست

بیا بشنو ز جان و دل ، همه پند ادیبان را

بگو ای (پرنیا) جز عشق ، ما سودی نمی بینیم

اگر اینها خطا باشد ، ببین پس نابکاران را

درونت را بکن زیبا

غروبی بس دل انگیز است و خورشیدم رود، در خواب

شعاع نور او ، در برکه قلبم را کند بی تاب

دل ازدستم ربوده ، قوی زیبایم گشوده بال

در این اوقات رنگین، قوی من هم می رود در آب

میان آسمان، رنگین کمان غوغا نموده نیز

طبیعت زلف معشوق مرا هم داده پیچ و تاب

ببین پرواز مرغان هوا ،در آسمان زیبا ست

شدم مست چنین شور و هوائی حال من دریاب

نسیمم بوی گلها ی بهاری، ارمغان دارد

چنان محو تماشایم ، که ناگه شب شود مهتاب

در این مهتاب بس زیبا ،سوی قایق روانم من

زدم دل را به آب لیک ، چو در این لحظه های ناب

بیا ای (پرنیا) عبرت کن از کار طبیعت نیز

درونت را بکن زیبا که این اوقات شد کمیاب

همراز

ای کبوتر ، بگشا پر سفر آغاز کنی

باید از حبس قفس ، رسته و پرواز کنی

سفر دور و درازی ست ، نترس از غم راه

باید از کوچ و سفر گویی و آواز کنی

من ندارم پر پرواز ، ولی با دل و جان

پرکشم سوی وطن عشق ، تو در باز کنی

تا بیفتد به دلت نور حقیقت در جان

با قلم رقص کنان، شعر و غزل ساز کنی

صحبت از شور رهائی ست که به سر منزل نور

باید ای دل بروی ، مهر خود ابراز کنی

تا که صیاد اجل، بال و پرت را بنرد

مهرو لبخند بزن بر همه ، تا ناز کنی

(پرنیا)، گر چه شکسته ست زمان بالت را

بنشین درد دل خویش ، به همراز کنی

کشور جان

احساس یکی بودن، با هر دل انسانی

این گوهر مقصوده ست ، دریاب اگر دانی

یک نور بود واحد ذرّه ای از آن نور

تابیده درون دل ، آن پرتو سبحانی

افسرده دلان خسته، با مهر تو پیوسته

چون کشتی بشکسته، افتاده به طوفانی

دردی که بود در دل ، گفتن نتوان ای جان

شاید بشود دلجو ، دارویی و درمانی

با چشم نهان سیری، در کشور دلها کن

بر خوب و بد هر کس، ننگر تو به آسانی

زیبا دل و زیبا بین ، اندیشه کند زیبا

با عشق چها بینی، در وحدت انسانی

جانها همه یک گوهر، در اصل یکی باشند

با کس نکنی جوری ، حزن است و پریشانی

انسان به چه می ارزد ، همدردی و دلجویی

غفلت ز چنین گوهر، عمری ست پشیمانی

نیکی بکنی امروز، عطرش برسد فردا

با عشق پری بگشا ، بالی به گلستانی

جهان محبت

طلوع صبح امیدم که پر بسته شب یلدا

سیاهی سر نگون گشته، همه نور است و مهر اینجا

بیا بنگر مرا ای جان، که عشق از سینه می جوشد

شدم لبریز از عشق و محبت ، عاشقم شیدا

گذشتم ، از خطای دیگران در حق خود آری

به قدر ذره ای در دل ، ندارم کینه یا دعوا

شدم چون گل ، لطیف از مهربانی ها میان جمع

چنین در آسمان قلب من ، خورشید شد پیدا

ز خود بیرون شدم ، آنگه نگاهی در درون کردم

که دیدم پرشدم ، از شور هستی و همه غوغا

بگو ای (پرنیا) امشب ز مهر دوستان مستی

خدایا یک جهان مهرم ، نثارت میکنم جان را

نور ازلی

گنج شوقیست گران، دردل و اندیشه ی ما

اندر آنجا بنگر پرتوی از نور   خدا

قدر این دولت پاینده شناسد آنکس

کز سر مستی دل رقص کند ، بی پروا

باطن از علم و عمل ،روشن و پاینده شود

آنچه نیک است ، بلافاصله آید سوی ما

با تحول بتوان یافت ،چنین گوهر پاک

نور عشق است ،که تابنده شود در هر جا

چشم بینا طلبم ، تا که حقیقت بینم

معنی اش ،شوق حضور است که یابم خود را

گر که نور ازلی در دل انسان تابد

زندگی یابد و هرگز نکند ، خشم بپا

چشم دل باز کنم ، تا که شفقت بینم

(پرنیا) نور حقیقت بنگر ، در معنا

قلب هوشیاران

صداقت گر نمایان شد ، مه و خورشید می آید

که غیر از آسمان چشم ما را هم بیاراید

بشوید دیده را را ،با آب اشک از غصه ها هردم

به بیداری عیان ،چون ماه نو شب را بپیماید

چو معشوقه سخن گوید ، ز راز عشق خود با کس

نفهمد غیر محرم این، سخنها را چه فرماید

به دشت مهر ورزان هم گذر کن ، عشق را دریاب

بنوش آب گوارایی، به سر مستی رسی شاید

به تاثیری که آه ما کند ، در قلب هشیاران

شب قدری شود، جان از فراغت هم بیاساید

به یکرنگی سفر کن ، (پرنیا) در مذهب عشاق

که ترک هر دو رنگی، جان و دل را هم بپالاید

نور ایزدی

ستایش کن تو شادی را، که نور ایزدی در اوست

چو لبخندی به لب آری، جهان از روی تو نیکوست

جهان بخشی به یارانت، چو گنج مهر بگشائی

درون را چون بپالایی ، برون را هم بیارایی

به آرامش چو پردازی ، نهاد زندگی سازی

جهان بی اصل و بنیاد است ، اگر شوری بیاغازی

تو با لبخند خود ویرانه را آباد و احیا کن

طراوت ده به هر محفل ، نشاطی را مهیا کن

نگه کن از خرد ورزی ، چه غوغایی به پا گشته

ز مهر و شادی و خنده ، جهان هم با صفا گشته

ز شور او سخنها بر لبان ما چه گویا شد

تو گویی نکته ها ، در دل پدید آمد مهیا شد

به هر دردی دوا باشد ، دل صاف و لب خندان

پیام شادی آور می کند ، هر سخت را آسان

بگفتم (پرنیا) لب را تو بگشا بر کلام خوب

که شادی پر کند ، دلهای خالی از غم محبوب

کتاب معرفت

کتابی گر به دست آرم ، به آن دل می دهم صد بار

رفیقی بهتر از آن ، را کجا یابم شود غمخوار

شود روز و شبم سرشار، زاندیشه به دیدارش

به من آموزد آدابی، که مملو باشد از آثار

بر افروزد جهانم را به انوار خداوندی

زداید تیرگی ها را ، برد ، از دل غم بسیار

فزونی می دهد اندیشه ام را، حکمت و دانش

کتاب معرفت، این است و جان را می کند بیدار

هزاران نکته آموزد ، که کار زندگی سازد

برد هر جهل و نادانی ، برویاند گل بی خار

کتابی گر بدست آری ، منه از کف بخوان هر دم

که روشن می کند ، دنیا و دلهای پر از زنگار

چه زیبا مهربان یاری، بجستم (پرنیا) امروز

رهایم می کند، از غصه ها و هرچه شد تکرار

چیست آزادای

بیا و مشورتی کن، ز عقل و ساغر نوش

دو روزه مهلت عمر است و این پیام سروش

اسیر عشق تو هستیم و چیست آزادی ؟!

بیا که زیر منّت مهریم، و بار غم بر دوش

بپوش عیب کسان، رنج خود ببر از یاد

که از عوام شنیدن ، سخن نباشد هوش

بگو که دام منه در رهم ،که پیرم گفت

که هر چه دیده شنیدی،نگو بمان خاموش

به دور و گردش دوران، نرو که می رنجی

بگیر جام رهایی ، به قصد نوشا نوش

چو مژده ها برسد ، بر تو از نهانی ها

سرود عالم هستی، بود تو را در گوش

بیا منال تو ، ای (پرنیا) ز دور زمان

به هر خرابی و مستی، تو را کشم آغوش

رقص گل

نظر کردم به رقص گل ، به خود گفتم که مهمان گلستان شو

پیامی بهر دل دارد ، بیا بنشین کنار ما غزل خوان شو

من این دانم که گلها با لب خندان، به پُهلو خار غم دارند

ولی گویند شادی کن ، نگو چیزی کمی مخمور حرمان شو

بزیر قطره های نم نم باران ، بشو شبنم تبسم کن

که مثل آیینه بنگر به روی گل ، تماشا کن چراغان شو

چو عریان می کند روی تو را شبنم در این آیینه ی روشن

تو نور افشان بکن جان و روانت را ،رها از درد دوران شود

تمام ترس ها درسی بود، تا گردد انسانی رها از غم

خوش آیدهرچه پیش آید،بگوازجان وخوشحال وتو رقصان شو

اگر افتد به خاک تیره ،روزی گل شود پُرپر ز باد جور

دوباره سر بر آرد مثل آن گل، زندگی کن پس نمایان شو

بیا ای (پرنیا) پندی بگیر از این گل، زیبا و رقصنده

ز اندوه و غم بیهوده ی دوران ، رها گردیده خندان شو

بشارت ده

رساتر کن صدایت را ،تو ای فرزند ایرانی

از ایران کهن هستی و از اشکان و ساسانی

مبر از یاد آرش را ،که بنیان کرد آزادی

کمانگیر است و جاویدان ،درون قلب ایرانی

بزن پتکی چنان محکم به سندان حماقت ها

به هوشیاری توانی یافت ، توفیقی به آسانی

بزن فریاد تا هر خفته ای از خواب بر خیزد

کند فکر و رها گردد ، از این دوران ظلمانی

جسارت کن کمان بر گیر، آتش زن به خرمن ها

بلند   آوازه شو فریاد کن ، از نای انسانی

شهامت را نمایان کن ، جسارت را فزونی ده

بشارت ده تو ای انسان ، چرا در جبس و زندانی

قلم آزاد می گردد ، اگر اندیشه جان گیرد

سخن بیرون بریزد ، از گلوی مرد میدانی

ببین ای (پرنیا)، درد درون رنج و غم خاطر

گرفتارند یارانت ، بگو با هر غزلخوانی

پند پیر

دل تو مخزن اسرار و گنجی،در نهان داری

اگر چه در زمین هستی و سر بر آسمان داری

که هوشت برده بود ازسر؟ که عاشق گشتی وشیدا

خدایی آیتی باشد ، کز او نام و نشان داری

مبارک باشد این وصلت، که مثل قطره بر دریا

رسیدی ، دیده را بگشا ، دورنت کهکشان داری

بشو صید چنین معشوقی و غافل نباش از او

که صیادت ،همه عشق است و نوری بی کران داری

تویی خلاق و نو آور، بده بر دیگران مهری

به سوی عشق همت کن ، چرا آه و فغان داری ؟؟!

زمان محدود و عمر ما چه، کوتاه و جهان هم هیچ

به نیکی مهربانی زندگی کن ، تا که جان داری

بیا ای (پرنیا) ، پندی شنو از پیر فرزانه

به جانها مهر افشان شو ، چو تا وقت و زمان داری

شوق دیدار

همه ی جام وجودم ،تو و حاشا نکنم

مستم از ، نوش شراب تو وپروا نکنم

هر سخن بر لبم آید همه از شور تو باد

تو جهان غزلی ، غیر تو انشا نکنم

شوق دیدار تو ، آرام کند قلب مرا

شمع جان سوزم و غیر از تو ،تمنا نکنم

فارغ از دور زمان هستم و از بود و نبود

عشق خود دارم و اندیشه ی فردا نکنم

همه در رهگذر عمر سفر ها دارند

مست مهرم همه جان، شاید و اما نکنم

گر جفا پیشگی آغاز کنی ، دلبر من

از تو غیر از تو و عشق تو تمنّا نکنم

(پرنیا) خار بود همره گل ، خرده مگیر

شادی و غم ز هم و شکوه ی بیجا نکنم

قبیله عشق

من از قبیله ی عشقم ، تو از کجا هستی ؟!

من از دیار حافظ و سعدی ، تو باچه سرمستی

من از تبار سیاووش و، کوروشم همی کاوه

ز سر زمین رستم و گیوم نگفته ام یاوه

به فکر یار و دیدارم ، دو باره برگردم

به خانه ای که شدم زاده تا رسدگردم

اگر غریبم و در آرزو و بی سامان

به کنج خلوت من، ثروتی ست بی پایان

به وسعت زمین و زمان باغی از گل یاس است

ز عطریاس و سمن چون همیشه سر مستم

به ذکر نام تو ای دوست باده در دستم

سپرده ام به قلب خودم آنچه دوست می دارم

به هر کجا که روم پیش خود نگهدارم

تمام عشق جهان در دلم ، چه ناجیز است

به (پرنیا) که رسیدی بپرس از حالش

چگونه رفته به خلوت خوشا به احوالش

آیینه چشم

چه فروغ است ،در آن چشم سیاه نگران

می برد دل، که نفهمی به چه شکل و به چسان

در نگاه تو ندیدم به جز اندیشه ی پاک

چشم تو راست بگوید ، ز نهان و ز عیان

دوست از عشق سخن گوید و دشمن از کین

پرتو مهر دهد عشق درون دل و جان

نور تابان بشود ،ز آیینه ی شور درون

گر نباشد اثری ، از حسد و کبر گران

هر چه در فکر تو باشد ، نگهت فاش کند

آرزویم بود اندیشه ، نباشد نگران

در دو چشمم تو ببینی ، اثر راز درون

حرف دل ، معرفت و عشق بود با دگران

کاش روزی برسد، هر نگهی مهر دهد

به نگاه دگران ، بی سخن و حرف و بیان

گفتگو از غزل و شعر به رقص آوردت

برسد روح به آرامش جان با جانان

(پرنیا) دّر درون پاک کن از کینه بشوی

تا بگوید نگهت عشق درون را آسان

آغاز بهار

در گستره ذهنم آواز بهاران است

سر مستی جانم بین ، در باغ نمایان است

بوی نم خاک و گل پیچیده به هر کوچه

نوروز و بهار آمد، فصل گل و ریحان است

در بارگه قلبم، بیداری و هوشیاری ست

شب رفت و هر روزم ،خورشید درخشان است

در شهر و دیار من، نوری ست که می تابد

بر بام سپهر شب ، رقص مه عریان است

بیدار شو ای عاشق ، در خلوت تنهائی

شوریست درون جان، دل شاد و غزلخوان است

غم رفته ز قلب من ،آزاد شده سینه

آرامش جان بنگر ، وارسته ی زندان است

هر واژه ی با معنا ،کز جام لبم ریزد

از رایحه ی حرفم، دل روضه ی رضوان است

جام می هستی را ،در دست خودم دیدم

کز هوش برفتم من ، بس بوی گلستان است

گویم به پری پرکن ،جامی ز می عرفان

در عالم این مستی ، صد ولوله پنهان است

خاک ایران

آرزوها را فدای خاک ایران می کنم

هر چه دارم در رهش صد باره احسان می کنم

خانه ی دل را ز مهر مام خود پر می کنم

جان و سر را هم فدای عهد و پیمان می کنم

گرچه در پائیز عمرم ،برگ ریز زرد زرد

در گلستان هنر غم را گل افشان می کنم

می توان در پهنه ی دشت هنر اندیشه کرد

این چنین اندیشه بر هر سحت ، آسان می کنم

هر زمان در باغ آواز و نوا سر می برم

بهر خلق یک اثر سعی فراوان می کنم

گه به روی گلشن دل می زنم صد ها قلم

گه بیابان را ز اشعارم ،گلستان می کنم

گرچه گردیدم کنون ، آواره ی دور جهان

با نوشتن زخم غربت را چو درمان می کنم

تا نخواهم (پرنیا) را من بیازارم به غم

کنج قلبم آرزوها را چو پنهان می کنم

تاجی بر سر

زدی گل برسرت ، ای نازنین چون عاشقی هر چند ناداری

بتو بخشیده عشق زندگی ، همواره بی خوابی و بیداری

بباری بر سر دنیا ، محبت را مثال ابر باران زا

زمین خشک و بایر را کنی زنده ، ضعیفان را کنی یاری

دهی دست محبت را ،به آنهائی که بیمارند و تنهایند

زنی مهر سخاوت را ، به دلهای غریب از روی غمخواری

فقط عشق است آزادی ، دهد بر قلب انسانها ی وارسته

بده ارزش به این گوهر ، اگر با مهر شورانگیز و دلداری

خریدار چنین گوهر ، اگر باشی رسی بر هر چه آرامش

نسازد مشکلی غمهای دنیا بر تو ، چون خاشاک و هر خاری

اگر شوقی نباشد در درون ما ،کجا در رقص و شور آید

دل دیوانه در هرجا،به حس و حال و هر اندیشه پنداری ؟!

بگو ای (پرنیا) عشق درونی پرتو افشانی کند بیرون

مبر از یاد این گوهر، که شهبانویی و تاجی به سر داری

عارف هوشیار

شود هشیار دل عارف ، چو نوشد از می نابی

رود در عمق آگاهی ببیند ، چون جهان تابی

تمام رمز و راز این جهان، مستور در عشق است

اگر طالب شوی گیری ز لحظه نکته ی نابی

به هر جمعی همه در جنگ قدرت ، یا که در ثروت

تو خود را دور کن ، زین ره که باشی مثل مهتابی

به هر جایی روی تا وصل آن شیرین لقا بینی

بیا در خود ببین آن مه ، که اسرار جهان یابی

بود این راز وحدت عشق و آنهم در درون دل

تو بگشا قفل جانت را ، رسد نوری ز هر بابی

مصون باشی ز غمهاو ز فردا و ز بگذشته

مشو غافل از این لحظه ،چه ، نوکر یا که اربابی

بیا ای (پرنیا) در محضر عشق و مودت باش

بزن مهر محبت ، بر لبت با گوهر نابی

شوق نگار

دیده آیینه ی جان گشت و سخن باز آمد

پرده دار حرم عشق به گفتار آمد

مجلس آرا شده آن یار غزل گو امشب

سخنش نغز و ز لبهای شکر بار آمد

گوهر ناب چو خورشید درخشان تابید

نو عروس فلکی ، بر سر بازار آمد

سینه گنجینه ی مهرش بشد از روز ازل

مهلت وصل رخش ، نوبت دیدار آمد

پرتو می که فتاده ست به روی ساقی

خبر آورد ، که بوی خوش دلدار آمد

دولتی بود که درویش قناعت ورزید

چون که مست ازلی بود و خریدار آمد

(پرنیا) شوق نگار است که شوری فکنی

زین چنین حال خوش بودکه اشعار آمد

بزم یاران

بانگ شادی و طرب را، بهر مهمان آورید

مژده جان را، برای قلب یاران آورید

شورشی بر پا کنید و بانگی از اعماق جان

هر که اهل مهر باشد ، سوی او جان آورید

با محبت قلبها را روشنی بخشید و عشق

با دف و آواز ، جانها را به سامان آورید

ساز می گوید سخن ، با هر دلی بی گفتگو

این سخن با لحن خوش ، سوی رفیقان آورید

در همایون، ، شور و ماهور و نوا و در سه گاه

در بیات ترک و دشتی ، نغمه سازان آورید

دستگاه اصفهان و بو عطا با یک غزل

با دف و آواز افشاری ، بهاران آورید

تا که گردند آشنا با ساز و آواز و غزل

گلعذاران دف به کف ، در نزد مهمان آورید

(جای هر کس نیست بزم عاشقان ای (پرنیا

سینه را بی کینه با لبهای خندان آورید

شور مستی

بیا در مجلس ما شور و مستی را تماشا کن

به گوش جان شنو، آواز مستان را و آوا کن

بود این شور مستانه ز عشق جان ، جانانه

شراب ناب میخانه ،بنوش و دیده دریا کن

ببین تا زندگی با مرگ و روح و جسم یک هدیه ست

رضا ده بر قضا و با غم و شادی مدارا کن

هوای آرزو ها را بیرون کن ز سر هر دم

ز غمها و نیاز بیهوده بگذر تماشا کن

ببین رقص درختان را، که پیوسته چو پُرشورند

به رقص آرد تو را ،در پایکوبی شور و غوغا کن

ببارد ز آسمان ابر بهاری ، بارش مهری

چه پروایت ز کس باشد ،جهان را دیده احیا کن

ببین آزادی مرغان ، سفر در آسمان دارند

تلاشی پر ثمر ای (پرنیا) ، دل را تو شیدا کن

خلاق نقش

اگر عشق همه نوع بشر در جان خود داری، تو بیداری

اگر از نغمه های دلکش بلبل به رقص آیی ، تو هوشیاری

اگر خلاق نقش صورت دلدار خود باشی، تو نقاشی

اگر با لاله و سنبل هم آغوش بهار هستی ، تو گلزاری

اگر باد سحر گاهی میان برگ و گل، سر مستی و رقصان

در آغوش چمن ، در خواب و رویایی و زیبایی و دلداری

بیا تا عاشق مردم کند ، جان تو را این عشق افسونگر

که خوشبختی سعادت مهربانی ، بهره باشد در کم آزاری

خداوند جهان ما ،مگر خلاق هستی نیست خود بی شک

صفا شرط تقرب هست ،در دنیا و عقبی،تو اگر داری

یگانه می شوی با هستی خود آن حقیقت می شود روشن

چو مقصودت خدا باشد ، محبت را کنی پیشه چه پنداری

بیا ای (پرنیا) با هستی خودآشنایی کن رها گردی

غبار ذهن را بر گیر و چون آیینه ای روشن ، نه زنگاری

فهم سخن

خالق فکر تویی ، یک هنر درک نهان

لذتی می برم از فهم سخن، با دل و جان

مستی من بود ، این لذت بین من و تو

گوش دل می دهم ای دوست، به شیرین دهنان

آفریننده تویی لحظه به لحظه در من

تا که سیراب شوم ، از می ناب عرفان

چونکه عشقت بدهد، مژده که خورشید دمید

روشنی آید و ظلمت ، برود از دوران

زندگی یک هنر است و همه نیکی کردن

این مهارت نبود پیش ، همه هم یکسان

پرنیا با قلم خویش ،بگو قصه ی عمر

تا بدانند همه ، شعر تو نغز است و گران

فصل پائیز

هوای فصل پاییز است و رنگین است و زیبایی مستانه

بیا عاشق شویم از جان و دل، چون برگها بر روی جانانه

سبو های کهن لبریز می گشته، به سر مستی ما امروز

اگر اهل دلی ، امشب بزن جامی ، بیا با ما به میخانه

بیا اینجا بهار بهتری بینی ،تو در پاییز جادویی

تو را شیدا کند ، بیگانه سازد با جهان مجنون و دیوانه

شوی بی خود ز خود، غم را ز هر پاییزو هر فصلی براندازی

به پروازی در آیی ، در سپهر نیلگون چون قو و پروانه

پیامی می دهد هر برگ پائیزی، که بر خیزی شوی رقصان

در این دیوانگی،شوریدگی پندیست گردی مست و بیگانه

چه دانی تو که عمرت تا به کی پایندگی دارد در این دنیا

به شوروشادی ات پرداز و تاکی ،خلوت و در کنج ویرانه

بیا ای (پرنیا) غم را ز بنیادش بر اندازیم و شادی را

به هر فصلی بیاغازیم و می نوشیم و دل جوییم مستانه

شعر درمانی پاک

با پژوهش می شود، مشتاق درک این جهان پر فسون

گر رسا گردد ندای معنوی در جان و دل ،گردد فزون

چون وجود ماست آیینه ،در آن بنگر خودت را بس دقیق

باز کن این لایه های، در هم بگذشته را بی چند و چون

این روش باشد روان درمانی و در آن بکوش از راه خوب

علم می گوید سخن ،از نکته های بس شگرف گونه گون

با چنین اندیشه ی با ریشه ای هم، می زنی پیوند عشق

درک آن آرامش است و می کند، قلب ترا هم رهنمون

با روانکاری اثر دارد ، کلام شعر در درمان ما

دل شود بیدار معنا، زین پژوهش از غم و درد فسون

در کلام حافظ و سعدی نگر، آرامشی یابی تمام

زین نظر هشیارمی خواهد ،که دریابد درون را از برون

سینه را از لایه های کهنه و پرکینه، باید پاک کرد

این خس و خاشاک دیرین را، زدوده از گلستان درون

گر شود دل آیینه ،با هدیه ی لبخند رو آور به جمع

آیتی بی کینه گردی و رها، از درد و رنج و هر فسون

شعر پویا پر ز معنا، می برد روح و روان را تا به عرش

شعر درمانی، کلید باغ عشق است و رهایی از جنون

با غزل گردی رها، از جور و رنج زندگی خالی ز خود

شعر گردد رهنما ای (پرنیا) باشد رخت، هم لاله گون

برده داری

کی پذیرد فکر، ماند در مکان یا در زمان

پر گشاید هر کجا ،چون مرغ شهر لامکان

اینکه پیشت هست و هر آن هر کجاست

از کجا آورده ،این خاصیت و تاب و توان

فکر آزاد است، اگر محبوس و زندانی شود

کی پذیرد بندگی ، یا بردگی در بی کران

گر تو را دانش نباشد ، رنجت افزون می شود

تا که ترس آید، تو را پیوسته گیرد در میان

ملتی آزاد باشد ، فکر او باز است باز

کی پذیرد زور فکر باز ، ای ملت بدان

برده داری ،گشته منسوخ و زمان آن گذشت

فکر پویای بشر ، آزاد گردد بی گمان

پرنیا آزادیت را آنچنان فریاد کن

تا هراسان گردد و کر، دشمنانت هر زمان

نقش غزل

منم برکه ، زلالم سینه ای دارم چو آب چشم مینایی
درونش نور مهتاب است و می تابد به زیبائی
ندارم من حسد گر کوچکم، در پیش دریاهای گسترده
تمام آسمان پرتو فکنده ، در نهاد من چو دریایی
همان رنگی ،که بر دریای گسترده زده در من نشانش هست
در این وحدت ببین، نقش ازل را کرده خود هم صحنه آرایی
رها گردیده ام در آب این برکه ، رها از هرچه خود بینی
ندارم بیم تنهایی، که عاشق هستم و در عشق و شیدایی
شب و روزم بود زیبا، نگاهم کن ببینی من در این برکه
به زیبایی که مثل ماهم و تابنده می تابم به رعنایی
نیازی هست در جانت ،شوی رقصان به هر آوای خوش رنگی
بیا بنشین به نزد من ،غزل گویم به گوشت با دل آرایی
چه داری غصه ای از نقش دیروز و چه ترسی از غم فردا
بیا هر لحظه را ای (پرنیا) دریاب و بشنو هر دم آوائی

آواز جان

خواهم به عشق هر غزل، شوری دگر بر پا کنم

جاری شوم در حس خود، با عطر گل انشا کنم

بی پرده گویم راز دل،آشفته سازم ساز دل

عریان کنم آواز دل ، خود را مگر شیدا کنم

بریان شود چون سینه ام ،از بس که من بی کینه ام

سجده نمایم دم به دم ، کز عمق جان آوا کنم

آوای عشق و زندگی، دارد بسی آواز من

شیدا نماید جان من ، دل را اگر رسوا کنم

لبهای هر گل درسحر بوسد ،لبان صبحدم

بوسم لبان یار خود ، در عاشقی غوغا کنم

صیقل دهم من جسم و جان، با عشق همچون پرنیان

آرامشی ناب و گران ، در هستی ام پیدا کنم

تابنده شو ای (پرنیا) ، پروا مکن از بیش و کم

فارغ شو از هر غصه غم، تا پیش دل سکنا کنم

مهرگان

مهرگان زیباست چون ، در باور و ایمان ماست

یادگاری   از نیاکان مانده ی ایران ماست

از شکوه و فّر آن روشن شود دنیای مهر

مهرگان در تیرگی، خورشید نور افشان ماست

مهرگان، تا رهنما و رهبر آزادی است

پرتو نورش فروزان، در دل و در جان ماست

مهرگان منشور تاریخ است ،بر آزادگان

در کتاب معرفت ،آغاز و هم پایان ماست

آفرین بر اینچنین ،اندیشه ی پاک و نکو

چون نگین بر حلقه ی انگشتر دستان ماست

گفت نیک ، اندیشه باشد در پی اش رفتار نیک

این نشان ایزدی، در دست و در دامان ماست

در چنین مکتب کز او ،صد کاوه ها پرورده شد

در همه اعصار و دوران، نامی از خوبان ماست

ما بری از دیو و دد ، ضحاک بودن نیست باد

فّر و نور ایزدی ، در مذهب و ایمان ماست

آئین کوروش

بی سرو سامانی ما ،حاصل نا بخردی ست

دشمنی با جهل و نادانی سرو سامان ماست

حاصل دید و نگاه و فکر ما در زندگی

هر چه باشد، عاقبت در دست فرزندان ماست

خاک ایران کاوه خواهد، تا به آزادی رسد

رهروی زین شیوه ،در اندیشه ی نیکان ماست

بر فراز بام عالم ،پرچم ما شد علم

تا که ظلم و خود پرستی حاکم ، دوران ماست

حرف نو اندیشه ی نو در جهان، پاینده است

این درخت معرفت، در باغ و در بستان ماست

پرنیا قدر چنین ،شوکت بداند زانکه ما

از قوانین جهان ،آیین کوروش ز آن ماست

بهار آمده

آفتابی ست درخشنده فروزان تابان

در فلک چرخ زنان ، نور فشان ، رقص کنان

نرم و آرام بتابد، که بهار آمده است

شادی روح و روان را ،بکند صد چندان

به درخشانی آن نور، در این گردش چرخ

سر برون کرده ،ز اندیشه ی ما راز گران

چون دهد مژده ی شادی و سرور و الفت

جان و دل، گرم نگاه تو شود ای همه جان

وقت دیدار تو، ای ناجی هر لحظه ی من

شوق وصلم بدهد ،رقص کنم چرخ زنان

سوی بام تو دلم پر بکشد ، مجنون وار

تا به کویت برسم ، وصل تو یابم هر آن

چون کنم وصف تو را، شرح زبان قادر نیست

با همه بود و نبودم ،که تویی جان جهان

پرنیا عشق و طلب ، از دل و اندیشه مکن

بر وصالش برسی ، جانی و او هم جانان

رهایی از زمان

شعله ی عشقی فزونی یافت ،در احوال جان

تا بسوزاند زهر اندیشه ی بد ،هر گمان

یک جهان سرشار اضداد وببینی پیش چشم

با تو از حال جهان گویند ، پیدا و نهان

فکر ما در جنگ پنهانی ست ،در هر لحظه ای

حس ما هرگز ، نمی یابد رهایی از زمان

آب و خاک و باد و آتش ، این عناصر ضد ضد

در کنار هم رفاقت می کنند ای دل بدان

تو اتم ها را ببین ،با یکدگر در جنگ و شور

هوشیارت می کنند، آری به اسرار نهان

فکر ما هم در روش، بیگانه اند و در تضاد

علم های پر ثمر روشن کند هر کهکشان

جنگ ادیان بین مردم، از نبود وحدت است

برده ، آرامش ز دلهای همه پیر و جوان

چشم بینا را طلب کن، تا ببینی نور عشق

(پرنیا) با عشق بیند هر زمان و هر مکان

الهام اسرار

کیست آن کس ،که مرا راز نهان می گوید

در دل شب به من از رمز و نشان می گوید

تا که اسرار من، از جان به لب آید هر دم

لرزد ارکان وجودم ، که ز جان می گوید

آشنای دل من گشته، نمیدانم کیست!

هم چنان از لبم ، اشعار روان می گوید

او نهد این همه گفتار، به لطف و کرمش

کرده الهام به من ، سرّ نهان می گوید

هر چه در سینه نهفته ست، برون می ریزد

عشق و شور است ،که بی حد و کران می گوید

عاشقم بر همه عالم ،که به خاکش افتم

به من از روشنی و روح و روان می گوید

اوست کز دیده ی من می نگرد می بینم

پرنیا خوش بشنو ، عشق ز اسرار جهان می گوید

نورمعنوی

نسیم عشق ،او هر دم وزد بر پهنه ی دل ها

شود عالم گلستان ، بشکند دیوار هر ماوا

چنان ترسی مسخر کرده ما را ،خود نمی دانیم

مشّوش در جهان هستیم و در افسون و در اغوا

قضاوتها ز بد بینی ، اسیر و حبس خود خواهی

حقیقت می شود پنهان ، که در اما و در آیا

اگر ویران شود، دیوار سخت هر اسارت نیز

شکوفا می شود دلها ز نور معنوی جانا

چو گل در تازگی باش و بیفشان بوی خوش ای ماه

خدا مشتاق، انسان های بیدار است و با پروا

شود پاک و مطهر قلبهای مهربان از عشق

خداوند محبت ، هر زمان گوید، سخن با ما

بیا ای (پرنیا) دیوار افکارت ، بکن ویران

ببر لذت از الطاف خداوندی و رحمت ها

خود کفا شوم

ز شوق مهر روی تو، مقیم این سراشوم

فتاده ام ز پا کنون ، بیا بیا به پا شوم

چو بلبلم ز جور دی ،چشیده ام فراق را

تویی بهار تازه ام ، که سبز و با صفا شوم

قرار دل ربوده ای ، بگو کجا که بوده ای !؟

بخوان مرا به نزد خود، که با تو همصدا شوم

صفای خاطرم شود، شمیم یاس و نسترن

نسیم روح و جان بیا، که بی تو بی نوا شوم

فکر وخیال خاطرات ،چو رو کند به سوی من

چو سینه را سپر کنم ؟!ز غم اگر فدا شوم

هوای شوق دیدنت ،کشد مرا به هر طرف

به عشق و آرزوی تو ،ز فتنه ها جدا شوم

بیا که جان و دل تویی که (پرنیا) کجا رود ؟

اگر وفا کنی به من، ز هر چه خود کفا شوم

منم مادر

منم مادر ،که پرودم تن و جان و توانت را

همه روحت ، همه قلبت ، جهانت را روانت را

ندیده روی تو ، اما به مهرت بوده ام شادان

در ایامی که بودی نازنین در بطن من مهمان

تو را از شیره ی جانم ،همیشه داده نوشاندم

تو را در بستر جان و روان خویش پوشاندم

چو دیدم روی ماهت را ،شدم سر مست بی تابت

چه عهدی با خدا بستم شدم همواره بی خوابت

گشودم بندهای زندگی از پای تو جانا

تو بگشا بند اندیشه رهایی بخش دنیا را

زنم من مادرم، فرزند من ، من دخت ایرانم

مزن بر پای من زنجیر ، از بندت گریزانم

اگر کردی تو خوار وزار ،روزی مادر و همسر

مجازات جفای تو به دختت ، میرسد یکسر

فراتر دار افکارت ،که سرور باشی و دانا

عمل کن آنچه را دانی ، بدون حرف و بی اما

تو فرزند منی ، از (پرنیا) باشد نشان تو

نبینم کوتهی هر جا ز فکر پر توان تو

مژده وصل

تا خیال تو به جان افتد و من می جوشم

قلب من با نفست، در طپش و می کوشم

گفتم این بوی مسیحاست ،که می آید و من

با چنین بوی خوشی ،مستم اگر مدهوشم

گر سزای من و دل، دوری ومحنت باشد

چه کنم اینهمه غم را ،بکشم بر دوشم

هر چه اخلاص و محبت بشود می آرم

تو بفرما که فقط پیش تو من خاموشم

گر مرا باد صبا ،مژده ی وصلت بدهد

تا سحر رقص کنان،از قدحت می نوشم

مثل مرغ ،از تن خاکی خودم پر بکشم

به صدای تو که هر جا برسد، بر گوشم

پرنیاسفره ی دل باز نکن در هر جا

گله از عشق نکن ، جامه ی غم می پوشم

مهر حق

آتش ما ز درون ، ولوله بر پا کرد

راز ما را همه جا برده و افشا کرد

تا که اندیشه ، عیان هم پر پرواز گرفت

آنچه پنهان ز نظر بود، تماشا می کرد

ما که غافل شده از خویشتن خود بودیم

دل در آیینه جان ، هلهله بر پا می کرد

چونکه بتخانه ی ذهّنیت ما را بشکست

کنج دل عشق ، ز بیگانه تمنا می کرد

مهر حق آمد و پیراسته شد، ملک وجود

از همه روی و ریایی که هویدا می کرد

پرنیانظم روانت همه اندیشه فزاست

کلک زرین تو بس ، شورش و غوغا می کرد

صبر و قرارم

هر شادی دل ، معرفت از عشق تو دارم

آماده ی آنم به رهت جان بسپارم

با مهر تو و شور تو ،هشیار توان بود

در میکده بی یاد تو ، من پا نگذارم

تا عشق تو در عمق وجودم بدرخشید

درد تو ربوده ست، ز من صبر و قرارم

ای ماه من امشب تو اگر جلوه نمایی

بر خاک رهت ، سر بنهم سجده بیارم

هر جا که تویی ، گوهرمقصود وجودی

جز معدن لطف تو ندارم ، که ندارم

توفان حوادث ، نکند ریشه ز خاکم

با اصل و نسب هستم و با ایل و تبارم

با بال وفا ، من پر پرواز بگیرم

بر تارک افلاک رسم ، با دل زارم

آرامش جان گر چه (پری) مهر تو دیدم

بگشای در میکده ای مه ، که خمارم

جام جان

شبی سراغ من آیی که جام جان خالی ست

نشان ز اشک غمی رفته اشکدان خالی ست

شکسته تُنگ شراب و خبر ز ساقی نیست

دریغ و درد که اینک شرابدان خالی ست

زمان ترک دیار است و روح در پرواز

فسرده شعله به مشعل ، چراغدان خالی یست

ملاحت سخن دل شنو ،ز چشم سیاه

اگر چه سرمه نمانده ست و سرمه دان خالی ست

چه نشعه ای ست، به پیوستن شراب کمال

سکوت خلوت جان را ، ببین زمان خالی ست

چو (پرنیا) پر جان بر سپهر بگشوده ست

گلاب تن بشد از سر ، گلابدان خالی ست

شمیم روی تو

نسیم صبح گهان ،چون وزیده بر گل ها
شمیم روی تو بینم به پهنه ی دنیا

تو باغبانی و من ، نوگلی دل آزرده
سپرده ای تو مرا ، دست باد بی پروا

صفای خلوت دل ، در نیاز دیدار است
در انتظار تو عمری، که مانده ام بر پا

چنان تنیده به عشقم ، به تار و پود هستی تو
که ، دیده درد مرا ،کرده ام فقط آوا

مزن به ریشه ی دل ، تیشه ی جدایی را
که میکَنَد غم دوری ،چو ریشه ی ما را

به (پرنیا) چو رسد بوی زلف مشکینت
به نغمه ای بسراید غزل به عشق و وفا

نعمت

بر سر و روی بشر، بارد دمادم در پگاه

ز آفتاب مهربانی ها ، چه گوهر های ماه

ما به هر سوئی نظر افکنده ایم از جستجو

راز خوشبختی بیابیم ، از دل شام سیاه

از مه و خورشید تابان، تا ستاره کهکشان

جملگی در گردش و در بخشش از سوی اله

گل پدید آمد ، نوازشها دهد بر چشم ما

تا بخواند بلبل ، از شور و نوا هر صبحگاه

می شود زنده به یک دم جان انسانی ز عشق

زآن سیه چشمان ،که دل را می برند از یک نگاه

دست افشانی و شکر نعمت این زندگی

چشم پوشی باشد از ، جرم و خطا و از گناه

(پرنیا) شاکر بشو از این همه نعمت که هست

باشد این سر چشمه ،جوشان، تا ابد نه گاه گاه

لطف کلام

شعر من ، احساس گویای مرا فریاد کن

واژه های مانده را ،در قلب من آزاد کن

شوق و شور زندگی را، در غم شیرین بجو

قلب معشوقم بلرزان، صحبت فرهاد کن

شعله ی جانگاه احساسم ،که سوزد هستی ام

بر فروز و آتشی بر دل بزن، ایجاد کن

ای غزل جاری بشو ،در دفتر اندیشه ام

هر کتابی را به یک بیتی بگو ، بنیاد کن

تا که مروارید، غلطان گردد از لطف کلام

ای قلم حرفی بزن، از خاطر ما یاد کن

شادمان کن هر دل ،جوینده ی غمدیده را

رو به سوی عشق و مستی، هرچه بادا باد کن

پرنیا بر دفتر آور، آنچه سوزاند تو را

پس گلستان ادب   را ، با سخن آباد کن

راه آزادی

تعلق های خاطر گر بریزی از دل و از جان

به همت راه آزادی ، کنی طی اندرین دوران

توان رفتنی داری ، اگر گامی بنه بر عرش

که همراهی کند شوقی، تو را در کوی سر مستان

چه گویم مژده ها بسیار و هردم می رسد بر تو

رضا دادی به تقدیرت ، اگر غوغا کند ایمان

می باقی بجوشد در رگ و پیوند هر بندت

مجازی نیست این مستی ، حقیقت را کند عریان

بنازم کلک زرین را ،که می رقصد به سر مستی

صراحی را به کف آرد ، سراید یک غزل از جان

شکفتن های پی در پی ، بهار آرد مگر در باغ

مدد فرموده معبودت ، که باشد یار و هم پیمان

دو پیمانه بگیر ای (پرنیا) ، درکف به هوشیاری

تعلق کی پذیرد ، خاطر بی کینه ی پاکان

خلقی تازه

به لحظه لحظه ، خلقی تازه می بینی سر انجام

جهان در زایش و رو بر تحول ، گام در گام

رساند چون تو را بر قله ی دانش ، تفکر

نه چون آن ذره ی تنهای ، بی مقدار و بی نام

یگانه بودنت ، چون باده ، مستی ها بیارد

وجودت می شود،سرمست از این میخانه و جام

مقدس گر توانی شد ، به هر جایی عزیزی

فضای روشنی   باشی ، همه وقتی و ایام

بیاد آور ، که نزدیک خدای مهربانی

که در ایجاد نیکی ها تو باشی شهره ، خوش نام

سکوت صخره و بال پرنده شور پرواز

ز گلبرگ ، گل نیلوفری ، حرف است و پیغام

به چشم کودک معصوم و زیبا، تو نظر کن

نمایی از تقدس بینی آنجا ، تو سر انجام

هویت انسان

وطن یعنی هویت خانه ی دل ریشه ، دانایی

ببخشی هر چه را داری ، به هم نوعت به زیبائی

خدا چون در دلت باشد ، به هر جایی وطن داری

تو درهرگوشه ای داری وطن، هروقت و هرجایی

خداوند جهان یک دل به تو داده ، وطن گردان

برای مردم تنها ، غمین گویی که دنیایی

بیارایی به مهر و زنده گردانی، دل مرده

بسازی یک وطن،یک سرزمین ، باعشق و رویایی

وطن شو بر دل ،یک کودک بیمار در مانده

بنوشان تشنه را آبی ، به پا کن خانه ماوایی

خدا را در وطن زندان نکن ، هر جا روی با توست

وطن را در دل عاشق ، بیاب و عقل و بینایی

زبان عشق باشد در میان مردمان یک شکل

بیآموز این زبان را عاشقی کن ، بس تماشائی

بیا ای (پرنیا) جایی بده در دل ،یتیمی را

شوی زیبا ، دل آرا مهربان و گنج دارایی

آرامش از ایمان

بذر نیکی را چو، در جانت نشاندی دلبرا

تازه می گردی ز خوبی ها ، بهاری دلگشا

می دهد، محصولی از آرامش و ایمان به تو

تا که بسپاری ، به انسانها نهالی از وفا

از چنین راهی تردد کن ، که نور و روشنی است

مثل گنجی ، بینهایت باشد و بی انتها

با سعادت گشته ای همراه و همدل در طریق

این همان بذری بود کاندر دلت کردی نشا

در رهایی گام زن ، زیرا بود راهت درست

تخم نیکی کاشتی، گردد فزون در این سرا

می توان آموخت دانش را و خود را هم شناخت

تا فروغ و روشنی یابی رها گردی رها

پرنیا اگه بشو، در زندگی بر کار خود

زندگی کردن، هنر می خواهد و مهر و صفا

اندیشه نیک

همانی زشت و زیبا ، آنچه در فکرت نوشتی

دهد محصول خوب و بد از آن چیزی که کشتی

به دست آری همانی را ،که خلاقش تو هستی

در اندیشه به زیبایی نوشتی ، یا که زشتی

مولف سر نوشتت را ، به نیکویی نوشته

بود اندیشه ات چون آب و گل وقتی سرشتی

اگر بذری ز نیکویی ،نشاندی در زمینی

پدید آری به ویرانه ، گلستانی   بهشتی

تو افکار خودت را منتشر، کن نیک و زیبا

چو مهری ، مثبتی ، افسونگری نیکو سرشتی

سرودی هر غزل را از نهاد دل به ذوقی

که سازی زندگی را ، با محبت چون بهشتی

بیفشان (پرنیا) بذری در اندیشه به نیکی

همانی را به دست آری که از جانت نوشتی

شوق طلب

آفتابی ست درخشنده شد آرامش جان

در فلک چرخ زنان نور فشان ، رقص کنان

نرم و آرام درخشید که بهار آمده است

شادی روح و روان را ، بکند صد چندان

به دُر افشانی آن نور در آفاق سپهر

لاله می روید و گل ، در چمن و باغستان

می دهد مژده ، ببین در همه جا الفت را

جان و دل گرم تماشای تو و روی جهان

حس دیدار تو، ای ناجی هر لحظه ی من

شوق جان می دهدو رقص کنان ، خنده زنان

با پر جان به هوای تو ،دلم در پرواز

تا به کویت برسم بال زنان ،چون مرغان

چه بگویم که زبان، وصف تو را قادر نیست

با همه بود و نبودم ، ز تو گویم جانان

(پرنیا) شوق طلب، از دل و اندیشه و عشق

چون رسیدی به وصالش، چه کنی کون و مکان

نقش تجربه ها

ارزش دُر سخن، گشته پدیدار ز هستی و وجود

تا برد غم ز دل خسته ، زهر بود ونبود

دُر پدیدار که شد، ارزش و قدرش تو بدان

گوهر ناب و نبینی ، همه جا یی موجود

در گذر گاه تفکر، بنگر دُر سخن

حرف بیهوده ،زیان است و سراسر بی سود

تا بهار سخن آید به میان ، رقص کنان

واژه های گل معنا ست تو را بهر سجود

در نهانخانه ی دل، نقش زند تجربه ها

راه آموزش و تعلیم ، اگر چهره نمود

شود ار چشم و چراغ دل ما، دانش و عقل

طرب و ذوق بروید، ز دل از گفت وشنود

پرنیا شعله ی این عشق ، فروزان تر کن

تا مجال است تو را، روشنی و عشق وجود

اعجاز کن

در میان باغ دانایی، دو چشمت باز کن

یک نظر ، بر باغبان انداز و فهم راز کن

با چه عشقی ،در نگهداری گل سر می کند

سیر در گلبرگ گل کن ،نغمه ای آغاز کن

بوی عطر گل شنو ، چون با دلت دارد سخن

زنده می گردی در این عالم ، سخن را ساز کن

آنچنان عطر تفکر ، بر مشامت می رسد

فکر خود را جمع کرده، با جهان دمساز کن

اصل معنای حقیقت ، در بنی آدم بود

ذات خود را بنگر و بر دیگران ابراز کن

پر شود بوی محبت ،در دل و جانت بسی

مثل مرغان چمن ، در آسمان پرواز کن

(پرنیا) با من سخن گو، از نیایش های خود

در چنین باغی ،در اندیشه بمان اعجاز کن

دلداری

درون جان هر انسان بود، مهر و صفا جاری

به انسان ها بدی کردن، نباشد رسم همیاری

وجود و فهم تو، سازنده ی عشق است و ایثار است

بود مهر و شفقت در زبان و قلب تو ،آری

بسی افراد، با تیغ تسلط بر تو می تازند

سیاست پیشه اند آنها و مشغول هم آزاری

به دنبال مقام و ثروت و قدرت چه می گردند

که در زندان خودخواهی اسیرند از نگونساری

نگونبخت است آنکس کو ،ز ،عشق و مهر بی بهره ست

فضیلت در محبت، عشق ورزی هست وبیداری

شمیم گل همان عشق است ، چون آزاد می گردد

که شادابی ببخشد هر کجا را تا چه پنداری

بیا ای (پرنیا) جوشنده ی ،مهر و محبت باش

ترانه ساز شادی ها، همه شوق است و دلداری

زبان عشق

عشق اگر آیدزند فریاد، من در خانه خواهم ماند

گرشود این خانه آبادان و یا ویرانه ، خواهم ماند

گر هنر داری مرا همچون گلی بر سینه ، خواهی زد

تا مرا بویی چوگل، دراین سرا جانانه خواهم ماند

گر شوی عاشق ترین ، بیدار خود باش از درون

مایه ی هستی روحم ، گوشه ی میخانه خواهم ماند

با تو ای عشق نهانی ، همرهم تا کوی یار

زندگی گرچون صدف باشد؛ در آن دردانه خواهم ماند

من سر آغاز و سر انجامم ،تو باشی و نه غیر

گر نباشد این هنر درمن ،کجا مستانه خواهم ماند

پرنیا هشیار این گوهر بشو ، در جان خود

تا ابد در عمق تنهایی خود ، دیوانه خواهم ماند

شکوه عشق

در سرشت آدمی ،صد ها شگفتی دیده ام
در شکوه عشق، راز و رمز آن بشنیده ام

رازها یی را ندانی، سر به مهر است ای عزیز
تا برای درک آن ، گرد جهان گردیده ام

ما ز شرم و مهر ، طاعت را فزون از حد کنیم
من تو را از هر چه خوبی،خوبتر بگزیده ام

ظلمت و نادانی و ترس و هوای یاس و خواب
من از اینها چون بری هستم زجان خندیده ام

چون که گفتار و عمل با یکدگر همراه نیست
رفته از باغ ندامت ، عاشقی را چیده ام

گر که بشناسیم ،خورشید وجود خویشتن
روشنی یابیم و من چون ماه نو تابیده ام

پرنیا پروانه سان پرواز کن بر شمع عشق
سوزد ار جانت بگو من هم به خود بالیده ام

خار و گل

همه ی جام وجودم ، غم و آوا نکنم

مستی نوش شراب است ، که پروا نکنم

هر غزل بر لبم آید، ز توگویم ای عشق

تو جهان سخنی ، غیر تو انشا نکنم

شوق دیدار تو ، آرام کند قلب مرا

شمع جانسوزم و در عشق دریغا نکنم

فارغ از دور زمان گشتم و از دور فلک

شاد امروزم و اندیشه فردا نکنم

همه در رهگذر عشق،سفر ها دارند

در ره عشق ، ببین شاید و اما نکنم

بی وفا گر چه شوی ای که ببردی دل را

غیر اندیشه تو ، عشق تمنا نکنم

پرنیا خار بود همره گل ،خرده مگیر

خار و گل همره هم بوده و دعوا نکنم

آیینه ضمیر

چه هوایی ست، در آن چشم سیاه خوبان

نتوان کرد بیان ، تا که بود راز نهان

در نگاه تو بدیدم، غم پنهانی خویش

چشم تو راست بگوید، که چه دارم در جان

هر نگاه تو بود ، آیینه روشن و صاف

فاش سازد همه ی راز مرا، خوب و عیان

دوست از مهر سخن گوید و دشمن از کین

پرتو نور دهد عشق چو خورشید جهان

نور می تابد، از آن آیینه صاف ضمیر

گر نباشد خبر از دشمنی و کینه در آن

هر چه از فکر بزاید، به نگه فاش شود

چشم دل خواب نماند،چو شود هر چه بیان

در نگه گر چه بخوانی، همه ی سِرِ درون

حرف دل معرفت عشق ، بگو با دگران

کاش روزی برسد ، هر نگهی مهر دهد

به نگاه دگران ، بی سخن و گفت زبان

پرنیا شعر و غزل ، با دل و جان باید گفت

تا رسد روح به آرامش جان با جانان

راز عاشق

گیاه دانه ی عشقی به قلب و هستی و جانی

تنیده ریشه ی الفت، به تار و پود وتو دانی

عرق به عارضم از، نشئه ی طراوت عشق

شد آشکاره چو شبنم ، چکیده هر آنی

هوای خاطر تو ، صبحدم گذر می کرد

به سوی هر دل شیدا ،ز عشق پنهانی

بیا و دیده ی جان را ،به هر چه روشن کن

چو غنچه لب بگشایی، به بوی بارانی

بیار معنی و کمتر، به گفتگو بنشین

بهار جان شکفد ، از کلام سبحانی

نگاه خوش طلبم، از دو چشم زیبایت

پیام مهر و محبت ، بده به آسانی

به (پرنیا) تو بگو ، راز هستی عاشق

چو عشق تو باشد ،ز صبح ربانی

خانه بدوش

لاله ی صحرا چرا ؟ بر گلستانش راه نیست

کس چرا از داغ و دردش ،درجهان آگاه نیست

چون غریب افتاده ای، در دشت و صحرا ی جنون

در بر سنگ و چمن، دنبال سال و ماه نیست

وز سبکباری، به هر جایی فرود آورده سر

پایمال عشق می گردد، ولی گمراه نیست

گر رسد بوی نسیمش، هر کجایی زندگیست

کو کسی دیداین محبت را و خاطرخواه نیست

از وطن دور است و غربت ،در نگاهش موج موج

چشم در خونش ببین و کار او جز آه نیست

در شب مهتابی اما ، رنگ می بازد به ماه

خانه بر دوش و نگاهش ،مانده بردرگاه نیست

پرنیا رخصت طلب ،بر دیگران در زندگی

گر چه در هرکارخیری، جبری و اکراه نیست

دریای ژرف

در تصور کی بگنجد، شعرهای مثنوی

آن معانی های ناب و میوه های مینوی

با چنین دلبستگی ،ره می سپارم روز و شب

عمر خود را طی کنم ،در آرزو و تاب وتب

شعله ای جان را بسوزاند، ندانم از کجاست

لرزش و آوای دل ، تا از کجا و از چه خاست

انعکاس و جلوه ی رنگ شفق، در بزم آب

می تراود ،تا که خورشید جهان شد بی نقاب

وسعت اندیشه ی هر کس، بود در حد خویش

بسکه قلب خسته ی من ،ازمعانی خورده نیش

در چنین دریای ژرفی ،غوطه ورگردیده ام

بس که ، گوهر های ناب معنوی را دیده ام

معنویت طیف نوری می شود، در بزم دل

من ندیدم بهتر از این ، درجهانم آب و گل

پرنیا صیقل بده هردم ، درون جان خود

تا شوی راحت، ز رنج و داروی درمان خود

شمع محفل

مکن بیهوده خاموشم ،که من مرغ سحر خوانم
به هردردی که می دانی،نمی دانی تو درمانم

مکن کتمان تو طبعم را ،گدازان سینه ای دارم
که من این آتش بنهفته را ، با اشک بنشانم

مکن پژمرده ام ،من آن گل یاسم که می بویم
به هردشت وچمن ،لب تشنه ی یکقطره بارانم

مکن افسرده ام ،چون خاطری دارم به یادت خوش
میان گریه های خود ،نمی بینی چه خندانم

مکن بی ارزشم، کالا ندارد قیمت و قدری
نیابی مثل من گنجی که می گوید که ارزانم ؟

مکن خاکسترم ،بوی بهارم ، آتشم گرمم
شکفته آذرم ، رخشم همواره شاد و رقصانم

مکن ای (پرنیا) خاموش ، شمع محفل ما را
چو در دلها که بنشستی ، همه عشقم چو ایمانم

مولانا

بود تا ماه ما نورش ،ز خورشید فلک پیما

بتابدهمچوشمس الدین، به قلب و جان مولانا

گذر کن بر ره مستی ،رسی بر عمق هشیاری

چو شمس ما که بی پیمانه و باده کند غوغا

تبادل شد دو نور معنوی، بین دو دلداه

دو سیاره ربوده ، نور هم از عالم بالا

به رقص آمد، چنان ملای رومی از تحول عشق

که سرمستی نمودو درجنون شدبی سروبی پا

اگر هشیار در مستی شدی، چرخی به دور شمس

چوپروانه که گردد دور شمع ،ازعشق بی پروا

پیام آور بود رومی ،ز شمس الدین تبریزی

ز نور روی او ،روشن شده چشمان نابینا

بیا ای (پرنیا) شمس خودت باش و بیفشان نور

رسان مهرت به آن دلها ،که مهجورند و هم شیدا

رندانه ، مستانه

پس از هر لحظه ای، با عشق زیبا شو چو پروانه

بمیر و زنده مان ،در هر زمان رندانه مستانه

نکن یاد آوری، غمهای بگذشته که می رنجی

نباشد ماندنی نقشی، که در عالم شد افسانه

تو بنگر شمع کوچک را که عمرش چون بود کوتاه

ولی نورش کند روشن همه دلهاس ویرانه

مبادا یک دلی ،رنجش بیابد از زبان تو

بده شادی سرور عشق ، محبت گرم و رندانه

به غیر از مغز ما ،سلولهای عضو می میرند

رها کن رنجها را پر بکن ، از باده پیمانه

دوباره زنده می گردند ، چون سلولها در تن

که هر لحظه شوی تازه،تو ای دانای فرزانه

بود سلولها ،در هر زمانی نو و فرسوده

که سطح پوست را بینی ،تو هم آباد و ویرانه

و موها هم به هر ساعت بود در حالت تغییر

که افکار و عواطف هم ،چنین باشد نزن چانه

ز هر اندیشه ای ، ای (پرنیا) برگیر نیکویی

که این افکار تو گرمی دهد بر خانه کاشانه

از نگاه آیینه

دیده ام آیینه بشکسته ، فتاده بر زمین

تکه ای برداشتم ،تا خود ببینم کیست این

آنچنان آن را تراشیدم ،که صیقل شد قشنگ

سیرت خود را ببینم ، آنچنان و اینچنین

بوده آن محبوب دل آگه ، به زشتی های من

واقعیت های قلبم، را نگه کردم همین

کرد هشیارم، که خود را بنگر و حق را بگو

چون شدم آگه ، مرارتها بشد بامن قرین

نکته ها آموختم از آن ، که یابم خویش را

خصلت کینه حسادت را ،بریز و هر چه کین

منعکس گردیده نور حق، درون جان من

تا بگویم بخشش و جود و کرم شد بهترین

پرنیا پرده نپوشان ، روز زشتیهای خود

چشم انسانها بود آیینه ای خوب و متین

چشمه سار امید

نگاه فتنه گرت ،برده دل به آسانی

بسوخت خرمن جان را ،چنان که می دانی

نوای سینه ی جانسوز ،می رود تا عرش

برد خیال تو ، جان را به قرب سبحانی

دمید شوق امیدی ، چو تابش خورشید

به همت فلکی ، گشته سبز و نورانی

صدای ریزش باران ، به چشمه سار امید

ترنمی شده زیبا ، به گوش ، انسانی

به ساغرم زده ای باده ای ، چو مستانه

به نوش نوش تو نوشم، شراب روحانی

زمان عشق و صفا، در رسیده خوشدل باش

که غیر از این شده ،هرگونه نابسامانی

به (پرنیا) خبری بهتر از ، رسیدن یار

نداده کس ، به بشارت که کرده ارزانی

افکار نیک

با دو چشم جان نگه کردم ،به روی آیینه گفتم سخن

راز پنهان را نمایان کرده ام ، با این سخن بی شک و ظن

دوست دارم مردمان را بی گمان ،در هر دیار و هرکجا

تا بگویم من سخنها یی که شیرین است با هر مرد وزن

بذر نیکی گر بیفشانی دو چندان می شود ، ای نازنین

چون بدی هرگز ندارد ،حاصلی بر دیگران و خویشتن

پاک باید کرداین آیینه ی دل، را که نورانی شود بی کم و کاست

انعکاس نور آن در چهره باشد ، مثل یک گل در چمن

باشد این نور الهی ،در درون جان انسانهای پاک و نیکخو

پاک باشد از بدی ها مثل لاله یاسمین و نسترن

گردرون ، اندیشه ام پاک است، نیکی سرزند چون آفتاب

ورنه آن دیو درون ، خنجر زند بر پیکرم چون اهرمن

پرنیاهشیار جانت باش با کردار نیک و دلپسند

شادی آور باشد این ، افکار نیکو در میان انجمن

راه تسلیم

عشق نور جاودانی، در درون قلبهاست

می کند روشن جهان را، زانکه نوری از خداست

زین جهت این نور افتد بر دل هر عاشقی

تا که جویا گردد آن را ،هر زمان و هرکجاست

من ، فنا گردد رهایی در مسیر نور عشق

در فضای بی کران حق، که هم بی انتهاست

این همان عشق است، بیرون کی بود از جان تو

نور افشان کن کنارت را ،که این مهر وصفاست

خانه ای بهتر نباشد ،جز دل انسان نیک

ترس و تاریکی نیابد ره، در آنجا چون خداست

خوش به حال آن دلی، گردد شکوفا از وفا

گنج آرامش همین باشد، که سرشار از صفاست

عشق اگر خواهی ،ره تسلیم را جویا بشو

پرنیا جوینده ی حق، بی ادا و بی خطاست

گنج های معنوی

گوهر ذات خدا ،در بحر جان گشته عیان

لطف ایزد را ببین، در هر کران تا بی کران

کهکشانی بس عظیم و خالی از هر گونه ظلم

کرده ایجاد از محبت پایدار و جاودان

چون نباشد سیم و زر، افسوس و اندوه از چه بود

گنج های معنوی ، به باشد از گنج جهان

چون در این ره ،تو گذرداری به مهر و خشم خود

بینی از کار زمانه ، سختی و هر امتحان

گنجهای این جهان ، ماند به رسم یادگار

گنج های معنوی در جان تو باشد گران

گنج این دنیا نباشد پایدار ای دوستان

بهترین گنج ها آرامش است و شور جان

نقاش اندیشه

زندگی من بود ، طرحی ز نقاشی فکر

مثبت اندیشم ، نبینم من فروپاشی فکر

خانه ای دارم پر از مهر وصفا ،در جنب آب

روز من روشن ،به خورشید و شبم در ماهتاب

قوی زیبایم رها در آب و در حال شنا

می نشینم در درون ، قایقم تا هر کجا

با کبوتر ها کنم پرواز، در قوس وقزح

چهره ام بشکفته چون گل از سرور و از فرح

حالتی در جان ، هویدا می کند هر آرزو

خوشتر از جام میی ، چون پر نمایی از سبو

این چنین امری مهیا گر شود ،بی کم و کاست

می شوم هر لحظه شاد از روزگارم، هر چه خواست

مطمئن هستم دوباره گل کند گلزارها

تا به رقص آیند ، در باغ و چمن دلدارها

پرنیا نقاش اندیشه بشو، در این سرا

تا رها گردی ز اندوه زمان ، بی انتها

چشم بینا

نخستین شرط عاشق بودن و بینا شدن ،بیداری دلهاست
هنرمند آنکسی باشد،که مهرش راستین است ودلش شیداست
ورودیه برای اینچنین، کاخ عظیم و پرشکوه این است
که جان بر کف هنر در عشق ورزیدن ،بری از غصه ی دنیاست
در این دنیا کم اند ، آن آشنایان طریقت تا شوند عاشق
که با سر ره بپویند، این چنین رسمی ، میان مردم داناست
همه نوع بشر، عاشق شدن را دوست می دارند و می جویند
خوشا آن کس ،که گامی در چنین ره می گذارد ،هر کجا تنهاست
نشو زندانی خود، در رهایی بال و پر بگشا و رقصان باش
بیاموز این هنر را ، در ره محبوب خود ، چشمت اگر بیناست
منه تقصیر خود بر دیگران ، انسان بود قادر به اعمالش
شوی بیدار دل ،آنگه که خواهی عذر تقصیرت ،که بس زیباست
بیا ای (پرنیا) امیال و اعمال خودت را هم مروری کن
که این عین حقیقت جویی و رشدو کمال است و چو با معناست

نقاش فکر

مکن نقاشی، از نقش دگر یاران و همراهان

به خلاقیت و نو آوری ،طرحی بزن بر جسته و آسان

میان دشت و سبز عشق، تندیسی مهیا کن

که هر چشمی ببیند، مات و افسون گردد و حیران

تویی عشق آفرین ،در این جهان باشی ز شادی ها

حضور عینی ، نقاشی خود باش و مهر افشان

رسیدن بر چنین جای رفیعی،توشه می خواهد

که آن هم همت عالی بود ، با عشق بی پایان

به هر فصلی ،از این تحفه بگیر و خوشه ای بر چین

که باغ سبز ایمانت ، هماره می شود خندان

گذر کن از فصول زندگی ،تا در دل پیری

بچینی خوشه ی شیرین عمر ، از بودن خوبان

بیا ای (پرنیا) خلاق عشق و مهر باش از دل

بشو نقاش فکر خویش و احساسی، که شد پنهان

خوش آمدید

دوستان در جمع و دل ها، شاد از این دیدارها

در برم ساز و شراب و شعر و شور و هر نوا

شور آوازی که از جانها تراود روز و شب

تا به کیوان می رساند قلب و روح و جان ما

یک جهان مهرو محبت ، در میان دوستان

هدیه ای آورده اید ،از روی مهر و با صفا

مجلس مارا مزین کرده ،با لبخند خویش

شادوشیرین مهربان و با محبت با وفا

زندگی در لحظه بودن ؛ بخشش عشق است و بس

زین جهت دلها به وجد ،آید نوا باید نوا

می زداید رنج و غمها را ز جانها تا کند

پاک و طاهر هرکسی را ، تا کند جان را رها

(پرنیا) نور محبت، روشنی بخشد کمال

تا وجود و هستی ما ،زنده گردد در بقا

خیال تو

تا خیال تو به جان افتد و من، می جوشم

قلب من با نفست ،در طپش و می کوشم

گفتم این بوی مسیحاست، که می آید ومن

با چنین بوی خوشی ، مستم اگر مدهوشم

گر سزای من و دل ، دوری و محنت باشد

چه کنم این همه غم را ،بکشم بر دوشم

هر چه اخلاس و محبت بشود ، می آرم

تو بفرما ،که فقط پیش تو من خاموشم

گر مرا باد صبا ، مژده ی وصلت بدهد

تا سحر رقص کنان ، از قدحت می نوشم

مثل مرغ ،از تن خاکی خودم پر بکشم

به صدای تو، که هرجا برسد برگوشم

(پرنیا) سفره ی دل را باز نکن در هر جا

گله از عشق نکن جامه ی غم می پوشم

هم آواز

کیست گو ،با تو هم آواز و هم آوانشود

آستان بوس ،تو ای ماه فریبا نشود

بلبلی نیست به گلزار جهان، در پی تو

نغمه پرداز و غزلخوان و دل آرا نشود

گر نسیم سحری را ،گذر افتد کویت

خبرش راحتی جان و دل ما نشود

آیینه ناز کنان ،بهر تو آغوش گشود

ای که جزعکس تو، در آیینه پیدا نشود

دیده ام، جایگه روی تو گردیده دلم

خالی از عکس تو،هر دیده ی بینا نشود

ساقی میکده و پیر خرابات تویی

بی تو سر مستی ما ،رفته و احیا نشود

یاد باد آنکه ،به خلوتگه دل می رفتیم

تا که اسرار تو، بر هر که هویدا نشود

(پرنیا) شرط وفا را ،تو به جای آر به مهر

گرچه حرفت ،همه جا رفته و معنا نشود

کهکشان فکر

بهار باور من، بس لطیف و سبز و خوش سیماست

شکوفه بار گردیده ،به هر فصلی پر از گلهاست

چه گلهایی که روییده ،بسا در کهکشان فکر

چو بوی خوش گرفته ،هر کجا را چون سخن زیباست

چو من گم کرده ام فصل زمستان، در بهارانم

تو گویی غنچه در اندیشه می روید، چنین غوغاست

مشام جانم از عطر غزل، سرشار و لبریز است

چو اطرافم،پر از الفاظ ناب معنوی گویاست

خرد پیوند دارد با هنر ،در جان انسانها

کجا گردد اسیر حبس و زندان آدمی، هر جاست

شود بیدار یک ملت، خردمندانه و عاشق

نماند پایدار آن ملتی، خواب و تعصّب هاست

تفکر در وجودم می زند ضربه ، چرا خوابی ؟

زبیداری شود یک ملتی هشیار تا بر پاست

بگو ای (پرنیا) در کهکشان فکر و زیبائی

بشو ماه درخشان غزل دنیای رویا هاست

شدم شعله

شدم شعله که سوزانم ،جهان را از سر تقصیر و خود خواهی

که تا یک لحظه ای مشعل شوم ،روشن کنم دل را به آگاهی

نیفتادم به هر چاهی چو دیدم زیر پای خود به هر دوران

چو البرزم ،سترگم ، قدرتم ، اندیشه ام، دررم ز کوتاهی

تو معنا بخش و رنگ عشق و شادی را به بوم جان هرکس زن

که روح زندگی ،این است و غیر از این نرو هر معبر و راهی

ز موسقی و شعر و گل بده هدیه به انسانی که در بند است

بدین سان زندگی را می توان آموخت ، نه بیهوده نه واهی

تو شاهی در مقام جان خود،امر تو اجرا می شود هر دم

که آن حس حضور است و مهیا می کند، بزمی که میخواهی

به همراه هنرمندان نشین ای (پرنیا) تا آن هنر را حس کنی از جان

خدا نزدیک ،انسان هنرمند است و تو در آسمان شعر چون ماهی

خاک حافظ

ببین هستی و برنایی و زیبایی، در این دنیا

ز خاکی ؛ خاک حافظ جامی و سعدی روح افزا

پر از احساس خوبی ،همرهم در هر سفر با ما

خدایت با تو می باشد ، کلامت را کند شیوا

ببینم نور او را، در دو چشمت در هویدایی

شده رنگین کمان ،در آبشاری پاک و بی همتا

چنان شیوا، سخن لب بسته می گویی به شیرینی

که گویی در درونت، سعدی است و حافظ و والا

ز بابا طاهر عریان شدی طاهر، چو آزاده

نهاده مولوی، از دانشش در جان تو گویا

تو را از روح قدیسین عالم ،پرتوی دادند

ز خیام و غزالی و همان اندیشه ی سینا

چرا؟از مرگ خود باید بترسیم و فرو مانیم

درون ما هزاران کهکشان ، اندیشه ی پویا

شده گر (پرنیا) سرمست ، ز بوی خاک خوبان است

سرشته در وجود ش فکر سعدی ها و حافظ ها

سکوت ژرف

من آشنای مهر توام آشنای دل

ای مونس و رفیق من و ای خدای دل

دل کعبه است و تویی هم اله من

تنها تویی برای من و از برای دل

برق نگاه تو در جان اگر فتاد

شد ماه روشنم اندر سرای دل

بر هر کجا که نظر کرده ام ز شوق

دیدم تو را و نشستم به پای دل

ای مهر جاودانم و شور قیامتم

کی دیده ام به غیر تو، مشکل گشای دل ؟

ما گر ز خاک و خاک تن ما شود پدید

روشن شود ،جهان همه از روشنای دل

هر ذره را که می نگری، در تلاش و شور

جان دارد و نفس کشد اندر هوای دل

ما در مدار بسته ی اندیشه مانده ایم

طی شد تمام عمر و نشد در وفای دل

احساس خدا دادی

خدا داد است الهام غزل در قلب یک انسان دلداده

که می ریزد معانی های ناب، از جان هر بندی ز آزاده

مضامین خلق میگردد، ز دل سر چشمه می گیرد بسی زیبا

به جان عاشق طالب ،ببینی هر کجا چون سایه افتاده

ندای آفرینش می شود ،جاری از آن دلهای پرمهری

که اسرار نهان را با فصاحت می سراید سهل و بس ساده

در این بستان سرا، هر صاحب اندیشه ای از شعر لبریز است

مثال حافظ و سعدی ،که شعر نغزشان هر جاست آماده

بود پیوسته دلبسته ،که هر دم در فضای شعر می گردد

طلب دارد که طالب را، به رقص آرد به هر شوری که سر داده

در این شوریدگی حسی ست شورانگیز ،چون دریا و موج آن

که گه نزدیک و گه دور است و باشد، این همان حس خداداده

چو رستاخیز شعر معنوی سر چشمه ی علم روانکاوی ست

بود اشعار مولانا ،که جام و باده و تسبیح و سجاده

بیا ای (پرنیا) از این تراوشها ی قلبی بهره ای برگیر

چو دارد این اثر اهل هنر را ، مستی معنا نه پیمانه

شوق دیدار

شوق دیدار تو آرام کند قلب مرا

شمع جانسوزم و غیر از غمت آوا نکنم

فارغ از دور زمان هستم واز بود نبود

عشق خود دارم و اندیشه ی فردا نکنم

همه در رهگذر عمر سفر ها دارند

مست مهرم همه جان شاید و اما نکنم

گر جفا پیشگی آغاز کنی دلبر من

از تو غیر از تو و عشق تو. تمنا نکنم

(پرنیا) خار بود همره گل خرده نگیر

شادی و غم ز هم و شکوه ی بیجا نکنم

درون جان

حقیقت را اگر خواهی، سفر کن بر درون جان

تجلی می کند در تو، ز انوار رخ جانان

چوصیدش دانش و فکر تو می باشد، در این دریا

به غواصی نیازی هست، گر خواهی دُر و مرجان

حجاب از چهره ات بردار و بی پیرایه تنها رو

که پشت پرده روشن می شود ،افکار هشیاران

حقیقت هم فروشی نیست، گرد از ذهن باید شست

چو ذهن آهن ربا ی هر چه نادانی ست در انسان

شگفتی های زیبایی ست ،در راه سفر جانا

که راه و رهرو مقصد، یکی باشد به هر عنوان

در این ره هر کسی جوینده مقصود خود باشد

حقیقت پیش هر کس نیست تا دعوی کند آسان

بیا ای (پرنیا)خلاق فکرت باش و آوا کن

حجاب از چشم دل بردار رو بینا شو در این دوران

قبله ی آرزو

یاد تو که در پرده ی پندار آمد

در خلوت دل ماند و به دیدار آمد

آن نقش خیالی که نهان بود به دل

در قبله ی آرزو پدیدار آمد

در فصل بهار و موسم نوروزی

چون سرو سهی بر سر گلزار آمد

بشکفته چو غنچه گر لبش وقت سخن

چون غمزه به دیدگان بیدار آمد

در خلوت (پرنیا)چو احساس غریب

عشق تو به سوی قلب دلدار آمد

CRADLE OF THE CIVILIZATION
PERSIAN GULF
ایران من
Design © Amini Sam, M.D.
Angeles California May 22, 2012

رباعيات

نویسنده:

صبحگاهان همره موج زمان

می زدم از ساغر جانان جان

شد هویدا در دل مدهوش من

از رموز عشق و اسرار نهان

مگرز خاک تو ایران هوای رستن هست؟

و یا ز مهر گل و دشت تو گسستن هست

سرشته اند مرا آب و گل چو از خاکت

بگو ز عهد تو کی زهره ی شکستن هست!

گر می طلبی رو سوی میخانه ی جان

می نوش ز اندیشه پرتاب و توان

آرامش فکر است که مستی بدهد

عقل است که شاداب کند روح و روان

تیر غم او که بر دل ریش زدم

عاشق شدم وچه طعنه بر خویش زدم

تا خرقه و سجاده رها کردم من

پا بر همه ی مذهب و بر کیش زدم

گر حلقه زنی ،بر در میخانه بزن

تا در بگشودند ؛ دو پیمانه بزن

گر مستی و شور و عاشقی می خواهی

بنشین به کنار یار و مستانه بزن

تا در دل تو مهر و وفا پیدا شد

هر لحظه و هر کجا تو را جویا شد

با صدق و صفا اگر روی راه درست

دانی که چرا وجود تو احیا شد

در نهانخانه ی دل بوی خوشی پنهان است

جای شوریدگی بلبل خوش الحان است

میل گل داری اگر گلشن جان را در یاب

شنبم عشق چو گلبرگ گل خندان است

اندیشه چو مرغ از قفس خانه برون شد

دیوانگی آموخت ، اگر غرق جنون شد

هر کس ره میخانه نپیمود چه فهمید

بس عاقل فرزانه که هم خوار و زبون شد

تا صدای سخنش در دل ما غوغا کرد

هر چه عاشق همه را در همه جا رسوا کرد

همه جان چشم شدم دیده به سویش کردم

به سخن، شعر ،مرا شاعره ای گویا کرد

گر می طلبی رو سوی میخانه ی جان

می نوش ز اندیشه ی پرتاب و توان

آرامش فکر آمده مستی بدهد

عقل است که شاداب کند روح و روان

ذره بودم که شوم در بر تو دنیایی

قطره گشتم که شوم محو تو چون دریایی

در رهایی سفر آغاز کنم تا بر دوست

تا رسم بر افق دیدن   نا   پیدایی

در خودم بودم ، تمام و طی شدم

با تهی گشتن ز خود چون نی شدم

هر دمی آمد که شد آواز خوش

هم نوای نای حق ، در وی شدم

بوی گل می بویم و پرسم که بویش از کجاست

محو چشمان تو می باشم که سویش از کجاست

عشق در اعماق جانم می زند فریاد ها

این لطافت های رویش از کجاست

این جوی روان که از کنارش گذری

با تو سخنی دارد و حرف دگری

بر آیینه ی گذشت ایام نگر

چون می گذرد عمر و نداری خبری

فکر و دل چون سازشی آغاز کرد

منطق و اندیشه را آواز کرد

با مروری در کتاب زندگی

می توان ، اوراق دیگر باز کرد

شوری بفکن بیا در اعماق وجود

تا بلکه رها شوی ز هر بود و نبود

آزادی روح است که پرواز کنی

ای مرغ خرد نمان در اندوه قیود

طراحي هاى پرنيا كه بين سالهاى ۱۹۸۰ تا ۱۹۹۰ در وين به دريافت ۷ ديپلم افتخار ناعل شد.

هنرمندان افتخار ایران و ایرانی ها هستند.

هر غنچه چو سر زند ز گلزار جهان

پرپر شود عاقبت به هر باد وزان

آرام ببوید که جهان تازه و نو

گردیده و دنیا بشود باغ جنان

از پی اندیشه می آید امید

بعد ظلمت نور می گردد پدید

از تعصب هیچ کس خیری ندید

تا که روشن بینی از هر جا رسید

به احوال درونت باش آگاه

چرا بیداری و در خواب گه گاه

طریق عشق و کیش و مهربانی

به جز خوبی نباشد نیکی ای ماه

بی عشق چگونه می توان زیست

بی مهر رئوف و مهربان کیست

با عشق تو یک جهان توانی

غیر از تو و باورت گران چیست

قلب پر مهرتو مهمان شده در خانه ما
شاهدا بین که چه نوری است به کاشانه ما
جوهر مهر تو ای گل متبلور شده است
باورم شد که گل آمد ، سوی گلخانه ما

به آن کمان دو ابرو که دل بر آن بستم
ربوده شد غم و هستی به عشق پیوستم
چو مهر ، مهر نگاهت شکسته مهر سکوت
به عشق روی و صفایت به سجده بنشستم

برگ سبزی است از جوانه دل
سر برون کرده از ره منزل
می نمایم چو فرش در ره یار
نظر انداز ، ای توانا دل

زان دم که رحل فکر بدیرش کشیده ایم
سکر حلاوتی ز وصالش چشیده ایم
این بی نیازی دل زان بود که ما
رحل نیاز از سر کویش کشیده ایم

Certificate of Appreciation
Parnia Razi
2017
In appreciation for your partnership
Parnia Razi
iSCC
International Society for
Children with Cancer
Your Gift is Truly
the Gift of Hope.
SHOW YOU CARE!

فکر و دل چون سازشی آغاز کرد

منطق و اندیشه را آواز کرد

با مروری بر کتاب زندگی

می توان طرح نوینی ساز کرد

ما عمر و زندگی به ره دل بداده ایم

سر بر حریر پیکره گل نهاده ایم

بر آستان دوست ، چو ما سجده می کنیم

بار سفر به تارک محمل نهاده ایم

جویی که تو اینک ز برش می گذری

افسانه تلخی است ، اگر بی خبری

بر آیینه گذشت ایام نگر

تا هدیه کن به زندگانی هنری

از جور و جفای این جهان خسته شدم

با الفت و مهر وعشق پیوسته شدم

این بستگی مهر عجب جادویی است

بگسسته و بشکسته و پیوسته شدم

از ازل ما عاشقانه این چنین پنداشتم

تخم الفت در سرای خلوت دل کاشتیم

ابتدا سر مست و مخمور از نگاه گرم یار

با چنان رویای شیرین ، انس و الفت داشتیم

گر می طلبی رو سوی میخانه جان

می نوش ز اندیشه ی پرتوش و توان

آرامش فکر آید و پیمانه دهد

عقل آید و شاداب کند روح و روان

شور و شر وبفکن تو در کنه وجود

ابلیس نهان بر آورد سر به سجود

آزادی جان است که پرواز کنی

در هر فلکی بود ترا ملک وجود

هر غنچه که سر زند ز گلزار جهان

از غنچه دهانی شده بیشک به عیان

آرام ببویید که جان تازه شود

وز خاک نگاری است که پندار آسان

دیدی که تو را ره وفا پیدا شد

خود آمد و بی خبر تو را جویا شد

با صدق و صفا اگر روی راه درست

از رفتن ره چه کس ترا گویا شد

نادی عشق ندا داد که مهمان دارید

از پس ظلمت شب نور به سامان دارید

قدرت مهرو صفا بین که چه غوغا کرده

رفته سختی و کنون دوره آسان دارید

مگر ز خاک تو ایران توان رستن هست؟
و یا ز مهر گل و دشت تو گسستن هست ؟
سرشته اند مرا آب و گل چو از کویت
به عهد بسته ، کجا قدرت شکستن هست

آنشب که من از عشق رخش مست شدم
بی ساغر و می ز عشق سر مست شدم
چون غرق ندیده های هستی گشتم
نا هست بودم ز دیده ها هست شدم

اینک که من ز خلوت او جان گرفته ام
جامی ز شرب کوثر جانان گرفته ام
شادی فزون به روح و روانم تنیده است
عشق و طرب ز معبد انسان گرفته ام

دست ما بسته به زنجیردر آن آب و گل است
فکرو اندیشه ما در وطن و یار و دل است
فرغت از مام وطن تاب و توانها برده
رشته ی عشق و گل ما ز پس آب و گل است

گل عطر تن خویش کند هدیه به جان ها

چون عطر تن توست ره آورد بدل ها

با عطر گل روی تو بیدار توان کرد

وز دانش افکار تو هوشیاری دل ها

نغمه از چشمان تو بر ما رسید

زیر لب گفتم ، ترانه شد پدید

هر غزل عشقی و شوری بایدش

مهر تو در خلوت ما شد نوید

از پی اندیشه میاید امید

بعد ظلمت نور می گردد پدید

از تعصب هیچکس خیری ندید

بد کجا از خواندن خود کس ندید

در گرد جهان به هر طرف گردیدم

راه و روش و رمز نهان سنجیدم

از آنهمه بی تابی و غوغای زمان

غیر از سخن عشق و وفا نشنیدم

گویند که ره بسوی جانانه خوش است

با بودن یار ساز و میخانه خوش است

گر ره ببری به اندرون دل یار

در خلوت یار جام و پیمانه خوش است

به کنکاش درون خود بشو گاه

که از رمز نهانی ، گردی آگاه

طریق تو شود راه محبت

شوی رهوار در ره ، خواه و ناخواه

در انجمن عشق و وفا می گردید

راه و روش مهرو صفا می سنجید

چون مست وفا ز عشق فرزندان بود

از زشتی روزگار کی می رنجید

بر قامت او طرح دل خویش زدیم

هو گفته و صد طعنه به درویش زدیم

ما خرقه رها کرده و سجاده و دلق

ترک سخن از مذهب و هر کیش زدیم

شعر نو

حقیقت عشق است

در بهاری زیبا
عطر گل در همه جا
همره عشق بهر گوشه رها
و من از مستی تو
در نهانگاه خیال
باز کردم پر بال
تا به افلاک کشم پر بروم
با قلم موی نشان از دل و
اندیشه خود
روی یک تک ابر
به سپیدی خیالل
روی زیبای تو را نقش زدم
و سپس نقش رخ خویش بدان افزودم
و بپای بت خود غرق تمنا گشتم
و در این لحظه زیبای
عبادتگاهم
سفری دور به رویا و تمنا کردم

و در آن خواب و خیال

در همان لحظه و حال

راه زیبای وصال

در همان قوس زمان پیمودم

نظر افتاد بروی تو ز نقاشی خود

بر همان تکه ابر

نقشها در دل هم رفته ، هم آغوش شدند

جزء در کل شده و راهی یک سو شدند

اینک ای همسفران

ابرها آرامند

پرنیاآرام است

بخودم برگشتم

خانه را یافته ام

خانه زیبایی است

به حقیقت دانم

که حقیقت عشق است

نازنیم تو بگو

چه شد آن آتش عشقی که بر افروخته بود؟

جان ما را به لبان یکدگر دوخته بود؟

سخن عشق ز دلدادگی آموخته بود

هر چه کمبود محبت به نهان بود

همه سوخته بود

زیراین طاق کبود

طاق پیروزی عشقی که ز گلهای جهان

گل عشق ، بر نگاه من و تو ریخته بود

چشم ما را بجهان دگری باز و دل افروخته بود

بعد از آن چنگ ز ناهید درخشنده دور

چنگ عشق تو چنان بود که دریای وجود ما را

بترنم بنسیمی خشبو نرم و آرام بر انگیخته بود

پس چه شد اینهمه زیبائی و شعر

بحر عشقم بسرودی هر شب

این درست است که دریای وجود عاشق
گاهگاهی بخروشد و هراسان بشود
این طلاتم بکند غرق ، پناهنده بیجا و مکان را ؟
پرنیا در گذر از خود
تو بشو جان ایثار
تا توانا بشود عشق
به آزادگی انسانها

محراب محبت

در پس پنجره ، بنشسته و ناظر بودم

فکر و اندیشه من ، بال گرفت و بپرواز آمد

و مرا برد به محراب محبت به قدیم

یادم آمد ز غروب پائیز

سردر بند بود و یاد عزیز

دست در دست و نگاهی به نگاه

با همان چشم سیاه

برگها رقص کنان چرخ زنان

بر سر وروی ودر و پند فرو می بارید

آنزبان زردی پائیز رخی دیگر داشت

گل سرخی بود و از عشق ندا بر دل کاشت

من در آنجا به تماشای رخش بنشستم

سردی فصل و زمان را از دلم بگسستم

دستها گرم و هوس ، برتن و جانها می ریخت

جرعت اما که نبود ، تا قدم پیش نهد

لبها در طبش و چشم بپاکی روان

عهد بستیم ، وفادار بمانیم به هم

تا رسد روز وصال

برگها چرخ زنان ، رقص کنان

بر سر روی من و یار فرو می بارید

همچنین عمر بزیبایی یک خواب و خیال

راه تنهایی خود می پوید

بخیال رخ یار و بیاد آن دیار

من سراسیمه میان دل پائیز شدم

یادم آمد ز غروب پائیز

و چنان از سر شوق

مست و لبریز شدم

ناگهان قلب من آمد بطپش

که دگر نیست زمانی که تو آنجا رفتی

ناله برگ خزانی به صدا آمد و گفت

پرنیا دیگر از آن روز گذشت

غم دیروز گذشت

لحظه را باید یافت و به فردا پیوست

برگها چرخ زنان رقص کنان

بر سر دوش من و بام زمان می بارید

مــــروت

شود آیا گره ازبند زمان بگشایند؟

شود آیا ز دل غمزده غم بزدایند؟

بود آیا که دیگر انسانی

سر بی شام به بالین ننهد

شود آیا که دیگر مأموری

ستم وزور به فردی نکند

شود آیا که دمد نور امید

به سرا پرده‌ی دلهای شریر

بود آیا که به هم یار شویم

از دل غفلت و نادانیها

همه بیدار شویم ؟

و به هم مونس وغمخوار شویم

مـــرواریـــد

ذره ای بودم که دردام صدف افتادمی

اندرآن دیواره ها تغییرحالت دادمی

ز آنکه سختی های بیحد دیدمی

سالهای سال من نالیدمی

در میان سنگلاخ زندگی

درنهاد وپیشه‌ی خود بردگی

بس مشقت دیدمی

در پی غلطان شدن بس بیقراری کردمی

تاکه مروارید غلطان گشتمی

تاکه من امروز اینسان گشتمی

WOMEN'S HISTORY MONTH
BIRTH CONTROL REVIEW
2022
WOMAN
OF
INSPIRATION
PARNIA
RAZI
AKING
HERstory
WJF
WOMEN'S
JOURNEY
FOUNDATION
WOMEN'S LEGACY
PROJECT

within our own psyche; we remain fragmented, ungrateful, and cracked tiles of a facade yearning for an escape, a distraction, an ultimate numbness. Reading the following poems gives the reader an insightful perspective into the mind of the wonder of a woman I have had the honor and pleasure to call my mother, who has been able to heal her wounds, conjoin the shattered pieces of her soul, and morph into a holistic, cohesive, and coherent entity immersed in awe and full of attention to the gift of life; unconditionally.

Ehsan Gharadjedaghi, PsyD
Licensed Clinical Psychologist

My mother, Parnia, once told me a secret that blew my mind like nothing else. She told me she appreciated even the darkest moments of her past. Knowing that she had to endure countless painful, sleepless days and nights in a broken marriage filled with domestic violence, humiliation, and betrayal of her safety and trust, I found it almost unreal to hear such a puzzling revelation from her. It was not until years later when I came across the deeper teachings of Rumi, Krishnamurti, and Hafez that I started to grasp also the deeper meaning behind my mother's sharp recognition that the wonder of life can only be truly understood undividedly in its entirety. We don't have the luxury of separating the painful fabrics of life from the joyful. As long as we engage in that kind of act - or rather fantasy - of disconnecting one indivisible piece of our life from another, we remain disjointed

Parnia's life story has always been an inspiration for me, a motivational story to fight for my goals and not give up! Her books are delightful guides full of important information for those of us who have goals to reach.

Navid Noor

CEO, PurpleZ

لباس هایی را که بین سالهای ۱۹۸۰ تا ۱۹۹۰ طراحی کردم و
بعضی اشعارم را روی لباس ها تزیین کردم
در وین اتریش و المان و سویس به نمایش در امد و در
روزنامه ها چاپ شد و برنده ۷ دیپلم افتخار شدم
به این خاطر در فیس بوک میگذارم که جوان های ایرانی
هر هنری دارند میتوانند با پشتکار و مثبت نگری در هر
کشوری هستند نآم ایران و ایرانی را بلند أوازه نمایند

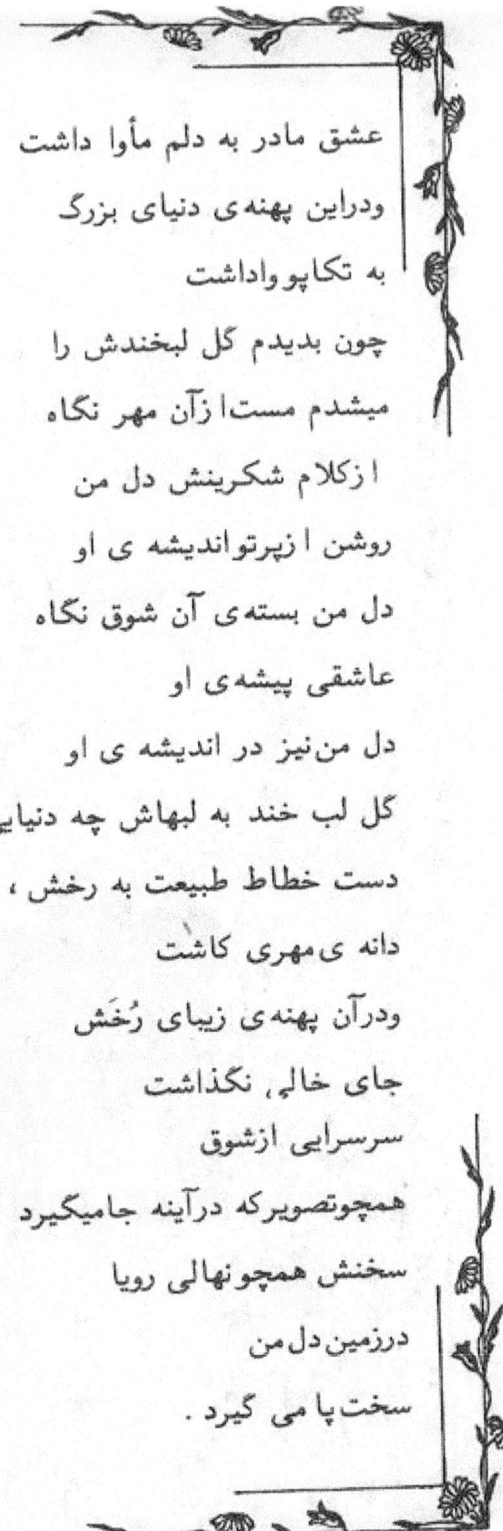

عشق مادر به دلم مأوا داشت

ودراین پهنه‌ی دنیای بزرگ

به تکاپو واداشت

چون بدیدم گل لبخندش را

میشدم مست از آن مهر نگاه

از کلام شکرینش دل من

روشن از پرتو اندیشه‌ی او

دل من بسته‌ی آن شوق نگاه

عاشقی پیشه‌ی او

دل من نیز در اندیشه‌ی او

گل لب خند به لبهاش چه دنیایی بود

دست خطاط طبیعت به رخش ،

دانه‌ی مهری کاشت

ودر آن پهنه‌ی زیبای رُخَش

جای خالی، نگذاشت

سرسرایی از شوق

همچو تصویر که در آینه جا میگیرد

سخنش همچو نهالی رویا

در زمین دل من

سخت پا می گیرد .

به دعوت اینترنشنال سوسایتی پویتز اف
مریت اوارد در واشنگتن دی سی اشعارم را به
انگلیسی خواندم و به دریافت مدال برنز و
دیپلم افتخار از دست سناتور مکارتور نایل شدم
برای تشویق ایرانی های عزیزم مینویسم که به
هر کار و هنری که دارند پشتکار داشته باشند
موفق خواهند شد.

کننده، مرا چنان تحت تاثیر این همه یگانگی
و محبت قرار داد که شروع به نوشتن این نامه
نمودم.

سپس با صدای زیبا و لطیف فرزانه و یا ارکستر
ساکو و آرمن و ترانه هایی که خانم پرنیا برای
ایشان سروده بود بنامهای گل رز و آشنا و
خاطره، خاطره آن شب زیبا از خاطرم نمی‌رود.
به خصوص با صدای استثنایی و بی نظیر
داریوش خواننده جدید که صدای آندره
بوچلی را به خاطر می‌آورد.

شادی بی نظیری برپاشده بود و جا دارد که در
اینجا تاکید شود که خانواده‌ها و جامعه، تقدیر
از انسانهایی که اثرمثبت و نیکی از خود بجا
می‌گذارنند، از یاد نبرند.

با تشکر فراوان از مجله وزین جوانان
دکتر سیاوش خزعلی

شب شعر پرنیا

دهمین سال گردهم آیی و دیدارهای دلپذیر را جشن میگیریم

دعوت از دوستداران شعر ، موسیقی و فرهنگ ایرانی، شعر و هنر میتواند وحدت احساس بوجود بیاورد. چون افراد، بااحساس لطیف ومشترکی باهم روبرو میشوند از اینروست . که شعر و موسیقی برای بهبود روابط و ایجاد محبت بین مردم نقش بزرگی را ایفا میکند .

ببال پرنیا پرواز کن شو   کبوتر سان نشین بر بام دلها

Der Stil: Wiener Couture

Kritisch begutachteten prominente Persönlichkeiten die fraglos gelungenen Kreationen der Modeschöpferin Razi Parnia und zeigten sich sichtlich begeistert.

Am 8. 3. war's soweit! Endlich bekam man Haute Couture im Stil der Zeit zu sehen. Razi Parnia, gelernte persische Modemarin, zeigte durchwegs Unikate, wie Pullover mit dekorativem Pailletten- und Federschmuck, Hosen im weitläufigen Schnitt, die Knöchel zart umspielend und feminine Blusen. Für's Après am Strand Overalls, mit verspielt-sexy wirkender Spitze und Lurex-glitzernde Kostüme. Ihr Vorschlag für den Sommer Fixten stretchin-Material, bei ...

... ken und Kostümen, in bestechendem Faltenwurf verarbeitet. Sehr gerne verwendet Razi Parnia auch edle ... Rahmende sowie als kreative Elemente, auch Applikationen in warmen Gold- und Kupfertönen. Bei den Rocklängen zeigt sich Parnia sehr kompromißbereit, bevorzugt aber Längen über dem Knie. Auf den Trend Nummer eine Transparenz, will aber auch sie nicht verzichten. So fand sie nicht minder erotisch wirkender, transparenter Hosenanzug großes Gefallen. Part-Moden ernet mit diesem Stil sicher größten Beifall. Bezirksrat Ludwig Innungs-Sekretär Patznik kert, Frau Mag. Zabel vom WIFI, Komm.-Rat Denk sowie Operntenor Khosro El maja und viele weitere geladene Gäste waren hellauf begeistert.

WIBA MEMBER BUSINESS FOCUS FOR APRIL

PARNIA'S

Introducing a WIBA member business owned and operated by a talented lady from Austria! She is a classical oil painter and a fashion designer with 15 years of experience in presenting her work in art galleries and fashion shows all across Europe. Lately, she has been providing her designs for women's suits, dresses, and wedding gowns to well-known clothing manufacturers in California and New York. In the past, she has had a women's apparel and boutique in Vienna and has earned seven honorary diplomas for her exclusive designs from fashion design schools in German, Switzerland, France, Austria, and England. She has participated in

the World Congresses of fashion designers that have been held in Europe. She also has many video tapes of some of Europe's most exclusive fashion shows, which are quite interesting to watch.

Her name is Parnia, owner of Parnia's, born in Iran. Parnia has presented several fashion shows in the past at locations including Century II, University Club, Olive Tree, The Grape, and Café Chantilly. Parnia now has a shop located here in Wichita, and has discovered how kind, friendly and open Wichitans are and how much she enjoys working with them. She also says that she is amazed by how well dressed Wichita ladies are. Several of them have said that, if Parnia believes they are busy and see her work, they would go to Dallas,

New York, or California to shop, and how nice it is to have an opportunity to find the same kinds of things right here in Wichita.

If you would like to bring in a picture of a particular dress, Parnia can accurately design the dress on your body and tailor it. Parnia can also make modifications on your old dresses by adding European fabrics to them, making them as beautiful as European style dresses. Come visit Parnia's to see her work and to learn about her fascinating life stories. Parnia will give 10% off to her first-time customers. Her address is: Parnia's, 8827 E. Douglas, Wichita, KS 67218, 682-1668.

1996
POET OF
MERIT
POETRY CONVENTION & SYMPOSIUM
POET OF MERIT AWARD
WASHINGTON, D.C.
INTERNATIONAL SOCIETY OF POETS
1996

طراحی هایم را که ملاحظه می کنید اول در سالن مد خود در وین و سپس به دعوت المان و سویس میبردم و بین سالهای ۱۹۸۰ تا ۱۹۹۰ برنده ۷ دیپلم افتخار شدم.

FOREWORD:

As a result of her talent and her efforts, Mrs. Parnia Razi has created an artistic and admirable piece of work, and I, as an insignificant individual, enjoyed immensely reading every bit of it. From the bottom of my heart, I truly wish this precious artist much success.

Dr. Hedayat Nayersina
Professor - Tehran University

FOREWORD:

Open the doors,
Open the doors,

The world's illuminating sunshine invites the earth to a feast of light, and as the sun shines on earth with love and warmth from above, the spring arrives with freshness and vitality and people to greet it. Spring spreads happiness and prosperity on earth. It makes the turtledove dance and sends the perfumed breeze with the spring flowers' fragrance to meet its mate and promises unity and flying in harmony towards the sky. The sun gives its light to earth. The light shines on the spring and the spring shines on flowers made of delicate and soft silk and Parnia gives her "gift of light" to Iranian women; she who is a strong doer and a prominent person. Also, in giving "the gift of light", she is a shining star. More power to her in her endeavors!

Researcher of *Hafez* and *Goethe*
Nafisseh "Hamid" Abbasi

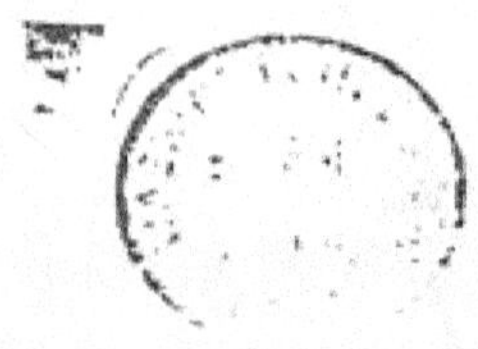

Ms. Parnia Razi
23446 Via San Pablo
Aliso Viejo, California
9 2 6 5 6

Thank you for remembering me with your generous gift.
The good wishes it conveys are especially meaningful to
me, and I appreciate your thoughtfulness.

Hillary Rodham Clinton

THE WING OF KISS

I fly to see your face on the wing of kiss
I do not remember a flower other than you
I never plant a tree in the garden of my heart
Never plant but in the garden of your love
Reminiscent of times in your arms
Having no other dreams better than this
Kissing your lips, drinking from your cup
Becoming ravished and dancing, now in love
You are a garden of roses, a rose, you don't come
Have no other flowers but you
O cloud, rain in the spring on every flower garden
Perhaps my thirst will be cured, for I am restless
I will speak of love, wine, your face
For I am lost without the tavern by your quarter, I am
"Parnia"'s poem became many curls of your hair
Baskets of my poems I offer you

LEAP TO LUCIDITY

This book is a green leaf dedicated to my children and all
the young people to tell them not to have fear of
difficulties under any circumstances, at any time or any
place; to be constructive and artistic and to try to bring
happiness and hope to others' lives.

TABLEAU OF AUTUMN

Leaves, in the autumn, from the tree
All yellow, are falling from the root
All at the edge of a wall
Or at a distant beach
Sheltered by a pile of soil
Or in the arms of a tree, a garden
Under a rock
No sound, silent
Are gone out of mind and forgotten
And some times I, too
Like that autumn leaf
With a breeze of love
Following a lover
Running to a lover

POET

A poet came to this world
To write pleasant and beautiful poems
In the garden of life in the mornings,
To touch the senses like the flowers' perfume
Like a bird's feathery wing
To fly in the skies
To excite the lover's heart
Like the treasure of love in the corner of hearts
By imagining in the heart
To take wine from a glass
All the stars in the skies
To pick and make them pretty by jasmine's side
No one has seen such a beauty, you think
Not in real life, maybe in dreams
Towards *Khajeh Hafez and Khayam and Sa'adi*
The world's renowned poets
Parnia has kindness in her heart
And is filled with great joy by the melody of lyrics

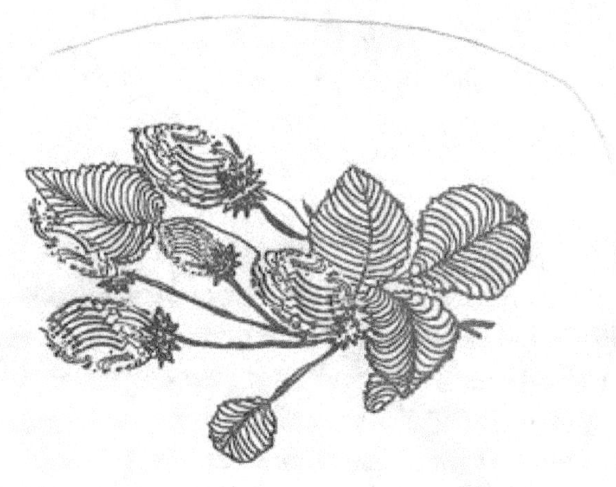

ART

I spread the wishes in the garden of kindness
In the heart of the flower garden I remember Iran
Though I'm in my autumn and leaves are falling
I will break my promise not, when I make a pact
Though my heart is the home of secrets,
I hide the sorrows in the garden of art
You can think in the wide world of art
If I think, my sorrows diminish
Every time I'm in the garden of songs and melodies
I struggle hard to create a masterpiece
When I step into the excitement and joy of loving
I put on a pretty dress
As I touch my heart a thousand times with my brush
I create joy out of the dull canvas
Sometimes I adorn a bride with silk and satin
With a dress I decorate her lovely figure
Although now wandering around the world
I color the ruins pretty with my brush
Since I do not wish to make Parnia sad
I hide my wishes in the corner of my heart

COMPASSION

Is it possible to untie the chain from the time?
Is it possible to wash sorrow from the saddened?
Will there be someone
Who will not go to bed hungry ever
Is it possible for a soldier
Not to exert force and oppression
Is it possible that perhaps the light of hope will shine
At the curtain of the wicked hearts
Is it possible that all of us will become friends
To wake up from neglect and carelessness and
Become each other's companions?

BLACK EYES

Words pour out of your mouth like wine
They will turn a sober man into a drunkard
The melody of your voice gives me life
Will make me vibrate like water
Those black eyes look suspicious
They excite our souls
In the passage of a breeze, like silk
Your warm voice is felt as in a dream
The mist of a flower is in your eyes
The sun shines by your words
Like narcissus I'm fulfilled by your love
I'm drunk by your eyes, not the wine
I'm alive by the love of your face
"Parnia" has found the secret of youth

AMBASSADOR OF LOVE

Give us a smile to lighten our life
Give us a cup to drink
Your bewitched look sings about love
Begin to speak, love, to seduce us
Promise us love and wine so we will not be alone
Until this drunken love satisfies us
From the warmth of your look a home is built
Lucky the one who finds us
Enlarge our heart as big as the sea
Your roaring wave gives us life
You broke your promise to me but you're not afraid to
be alone
Loneliness brings misfortune, it burns us
The ambassador of love comes beating on the drums of
scandal
No more fear, "Parnia," it may disgrace us

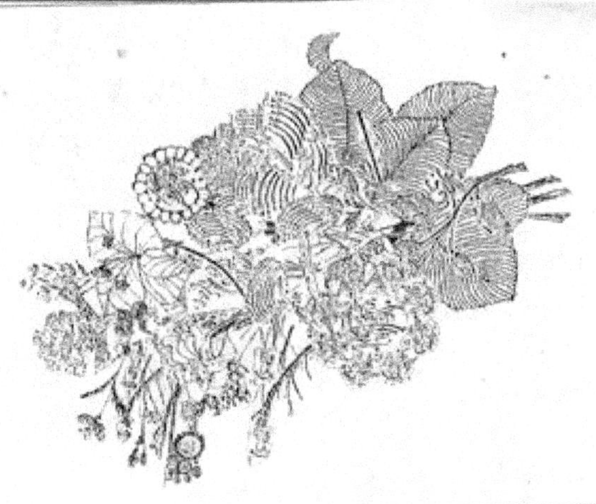

COLOR

I take colors from the rose-colored flowers
I blend the colors together
I color the red of love on the sea of my canvas
I use a bit of each color
Its red brightens pure hearts
Its reflection relieves the troubled hearts
I paint the pretty jasmine on its side
Reflecting as a sign of kindness and purity
I create my lover's face prettier than a flower
Unique among other images
I then separate the orange, for color
Which cuts the roots of oppression
I color the blue in the sky
With whiteness I paint the clouds
I color the trees with green
Illuminating the waters
Yes, this kindness and purity on my canvas
Is a reflection of Parnia's soul

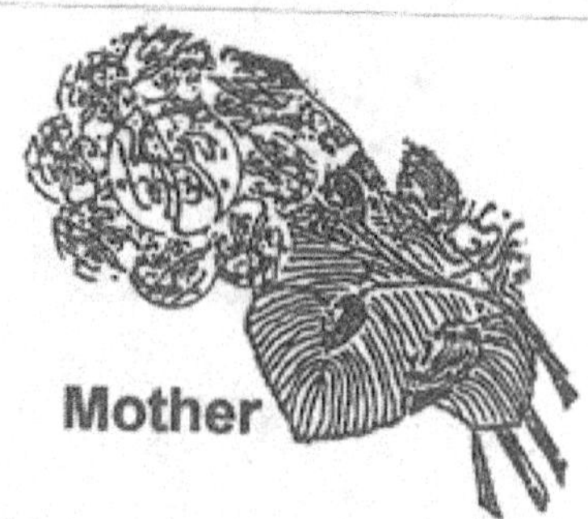

Mother

You are shining in this wide world
Words pour out of your mouth like wine
The melody of your voice gives me life
Your eyes questioning look

You are a glittering sun
Your love excites my soul
Because you are a well scented sweet smelling velvet
Your warm voice is felt as if in a dream

In the passage of a breeze, like silk
I can find your kindness in my heart
The mist of a flower is in your eyes
The sun shines by your words

Stay with me my better perfume of spring
You are the only one for me and my heart
I told memories of you to the mirror
I will write a melody of love and devotion

I am alive by the love of your face
(Parnia) has found the secret of youth
I will fly like a butterfly to you
Because you are mother

MIRROR'S LIGHT

There's no one that would not sing with you in the world
That would not be your devoted audience, o, charming
moon,
There's not a nightingale in the world after you,
That wouldn't be singing in the garden of hearts
If the morning breeze passes your alley
Would it not also pass by us?
Mirror, we embraced your dancing
For no one but you are the mirror's light
I've seen the place of your picture,
Empty, not every eye can remember seeing you
You are the tavern's wine and the tavern's ornament
Without your face our wine wouldn't see the tavern
Remember those good old days when we used to see
each other
So that your secrets wouldn't be revealed to the chief of
police
"Parnia", faithful, would not speak of cunning,
If cunning, the mirror wouldn't be lighted by your image.

BELIEVER

A lifetime we led with sorrow
Whatever they told us we believed
We are cheated for we are naive
We allowed another to be the judge
As we had another wear the woollen hat
We ourselves burned and ended up in fire

THE OCEAN OF WISDOM

By my soul wing if I flew to your garden
At the mosque of your eyebrows I'd pray
Since I'm lost in the desert of your desire
I'd set off looking to see your face
To the sea of thought or to the ocean of wisdom
Floating in your purity, being washed ashore softly
If my thoughts would take off and mix with your love
I'd turn the constellations into a flower garden
Thanks to you I'd walk over the roof of time
I'd sing in the garden of your kindness
I'd fly with "Parnia"'s wing and go with your love
I'd come to you with a guided wing
And become one with your love
And adore you.

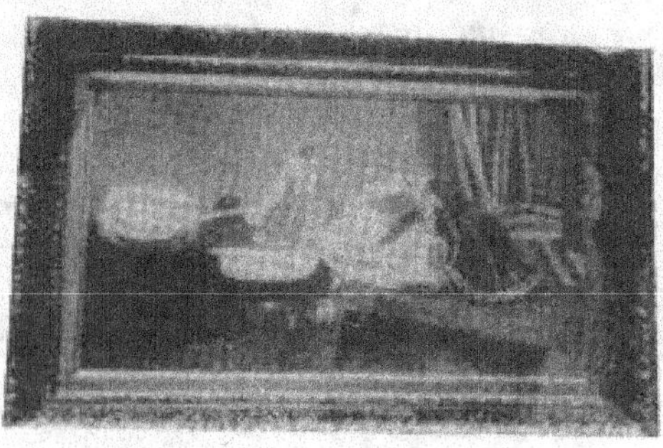

Parnia's Fashion Show

[Emblem]

C E R T I F I C A T E

The Provincial Guild Vienna
of
d r e s s m a k e r s

herewith
thanks

P A R N I A   R A Z I

for her participation at the fashion parade

*VIENNA FASHION
AUTUMN/WINTER 1989/90*

at the Palais Auersperg
and expresses

its *appreciation and recognition* for her

excellent performance.

Vienna, November 1989

The Master of the Guild: The Secretary of the Guild:
[gez. e.h., unl.]   [gez. e.h., unl.]

With reference to my oath of office,
I herewith certify the exact conformity
of the above translation with the
original - copy - photocopy attached
hereto - at my disposal.

1. Feb. 1990

Mag. phil. WERNER GASSER

Parnia's Designs

URKUNDE

Die Landesinnung Wien der
Kleidermacher
dankt

PARNIA RAZI

für die Teilnahme an der Modenschau
Wiener Mode
Frühling / Sommer 1989
im Palais Auersperg
und überreicht für die
hervorragende Leistung
diese Urkunde.

Wien, im März 1989

Der Innungsmeister: Der Innungssekretär:

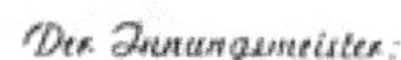

URKUNDE

hat am

23. Weltkongreß der Maßschneider
– 18. bis 23. August 1989 –
Hamburg

teilgenommen.

FÉDÉRATION MONDIALE DES MAÎTRES-TAILLEURS
– Weltverband der Maßschneider –

Hamburg, den 23. August 1989

Präsident
Jakob Kraus

Generalsekretär
.Fred Schulz

فهرست